保育実践につなぐ

カリキュラム論

教育・保育の計画と評価

安部 孝　編著

JN122888

みらい

は じ め に

　本書は、保育者を目指すみなさんが、カリキュラムや指導計画に関する基礎的な知識や立案の仕方、その保育における意義について、理論と事例等を通して学ぶためのテキストです。作成にあたっては、実習や将来の保育実践と実践を通した学び直しに活かすことができる内容となるよう心がけました。また、順序立った理解と実践力の基礎の育成を図るために、Ⅰ～Ⅳ編の標題となる観点で構成しました。さらに、各自の関心や必要性に応じてどの章からでも学ぶことができるよう、注や説明を充実させるとともに、往還的な学びを図るために、みなさんが、各章のはじめには体験や既修内容をもとに学習内容への関心を高め、また終わりには学習成果を確認する課題を設けました。

　保育者は、入園や進級という "始まりの時期" に、新しい環境のなかで子どもたちが抱く不安や緊張感を理解し、受け止め、一人ひとりのよさを認めながら温かい雰囲気のなかで安心して自己を発揮できるように保育を工夫します。この行き届いた援助や環境構成は、以降も、"大切なこと" としてカリキュラムや指導計画、そして日々の実践に反映されていきます。そうしたなかで、子どもたちは今をせいいっぱい過ごし、やがて "修了・卒園の時期" には、「幼児期の終わりまでに育ってほしい姿」に育っていきます。その意味で、カリキュラムや指導計画とは、子どもと保育者が保育の目的に沿って有意義に過ごすための、その時々の、また先を見据えた願い（「育ってほしい姿」）の顕（あらわ）れということができます。したがって、さまざまな知識や経験に裏づけられ、記された多くの内容は、未だ形になっておらず、まさにみなさんによって、現実の生活として実現されていくことなのです。

　理想や理念、円滑な流れが示されたカリキュラムや指導計画に自分の実践を引き比べると、そこに至らないもどかしさを感じるかもしれませんが、大切なのは、常に眼前の子どもの姿と生活に即して、カリキュラムや指導計画を保育者の願いや思いも含めて現実的にとらえ直し、よりよい実践を考えることです。みなさんには、それを着実に積み重ね、"幼児期の終わり" のもっと先にある子どもたちの成長や幸せ、喜びをも見据えることができる保育者を目指してほしいと、心から願っております。

　最後に本書の作成に際し、各種資料やご助言を賜りましたみなさま、並びに株式会社みらいのみなさま、担当の小川眞貴子さんに、心より感謝を申し上げます。

　2021 年 9 月

編者

安 部　　孝

執筆者一覧

50音順　＊印編者

安　部　日珠沙　　　（岐阜聖徳学園大学短期大学部）　　　第 1 章

＊安　部　　孝　　　（名古屋芸術大学）　　　第 12 章・第 13 章

浅　野　俊　和　　　（中部大学）　　　第 2 章

太　田　顕　子　　　（関西福祉科学大学）　　　第 11 章

加　藤　寿　子　　　（常葉大学短期大学部）　　　第 10 章

久　米　裕紀子　　　（武庫川女子大学短期大学部）　　　第 6 章

後　藤　由　美　　　（名古屋柳城短期大学）　　　第 8 章

関　根　久　美　　　（川口短期大学）　　　第 9 章

中　村　仁　志　　　（岡崎女子大学）　　　第 3 章

西　垣　直　子　　　（中部学院大学短期大学部）　　　第 4 章

御手洗　明　佳　　　（淑徳大学）　　　第 7 章

矢野川　祥　典　　　（福山平成大学）　　　第 5 章

目　　次

v

第Ⅳ編　保育現場で実践するために

本書の使い方

◎ 本書の構成

本書は、基礎的な理論から具体的な保育の内容、さらに保育現場での実践に向けて、主体的に学んでいけるように、以下のとおりに構成しています。

> 「第Ⅰ編 カリキュラムの理論」 ⟶ 「第Ⅱ編 指導計画の作成に向けて」
> ⟶ 「第Ⅲ編 各年齢の指導計画と保育実践」 ⟶ 「第Ⅳ編 保育現場で実践するために」

◎ 学習の流れ

① 「考えてみよう！」で問題意識をもとう

各章の初めにテーマに関連する問いを設けています。
自分で考えてみることで主体的な学びにつなげていきます。
予習課題やグループワークとしてもご活用ください。

② 「補足説明」でさらに理解しよう

ページ両端の空白部分に本文で説明できなかった語句説明や補足説明、保育のこぼれ話などをこちらに掲載しています。

③ 「POINT」で学びを振り返ろう

各章末に章の内容を箇条書きで簡潔にまとめています。
学習の振り返りの際にご活用ください。

④ 「演習問題」で学びを深めよう

各章末に理解を深め、学びを発展させる問題を付しています。
各章の内容を振り返り、ぜひ挑戦してみてください。巻末に解答例や解答へのヒントを掲載しています。
＊部分保育指導案の全文（第4章）も巻末に掲載しています。

◎ 本書の特長——保育現場の「体験」学習
☆ 指導計画作成のための視点を学ぼう

第13章では、保育現場で実際に指導計画を作成するときのコツ（手がかり）を学びます。

子どもの姿をどのようにとらえればよいのか、保育をどのようにイメージして指導計画を作成すればよいのか、それぞれの「3ポイント」を通して学びます。保育現場をイメージしながら自身でも指導計画を作成してみましょう。

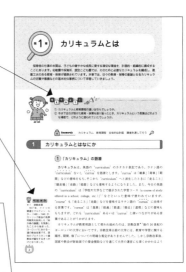

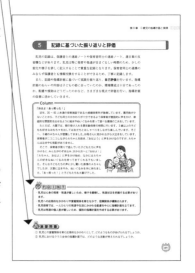

第 I 編

カリキュラムの理論

本編では、カリキュラムの理論を説明した後、幼稚園や保育所、設定こども園におけるカリキュラムの基盤となる考え方や、園生活全体の枠組みとなる計画について学びます。

第1章 カリキュラムとは

保育者の仕事の本質は、子どもの健やかな成長に資する適切な環境を、計画的・組織的に構成することにあります。幼稚園や保育所、認定こども園では、そのために必要なカリキュラムを編成し、創意工夫のある教育・保育が模索されています。本章では、日々の教育・保育の基盤となるカリキュラムの定義や意義などの基本的な事柄について学習していきましょう。

考えてみよう！

① カリキュラムと教育課程の違いはなんでしょうか。
② 今まで自分が受けた教育・保育を振り返ったとき、カリキュラムという言葉はどのような場面で、どのように使われていたでしょうか。

keywords　カリキュラム　教育課程　全体的な計画　環境を通して行う

1 カリキュラムとはなにか

1 「カリキュラム」の語源

　カリキュラムは、英語の"curriculum"のカタカナ表記であり、ラテン語の"curriculum"ないし"currus"を語源とします。"currus"は「戦車」「荷車」「期間」などの意味をもち、そこから"curriculum"へと派生したときに「走ること」「競走場」「走路」「経歴」なども意味するようになりました。また、今日の英語の"curriculum"は「学校や大学などで提示された学習コース（a course of study offered in a school, college, etc.）」[1]などといった意味で使われていますが、"course"も「走ること」「走路」などを意味するラテン語の"cursus"に由来する言葉です。"cursus"は「進展」「経過」「筋道」「接近」「道程」などの意味ももちますが、どれも"curriculum"あるいは"currus"と深いつながりがある言葉であることがうかがえます。

　カリキュラムが教育用語として使われ始めたのは、宗教改革[*1]後の16世紀のヨーロッパの大学においてです。宗教改革以前の大学には、教育や学習に関する順序、期間、修了についての明確な規定がありませんでした。しかし宗教改革後、国家や教会が財政面での資金援助などを通じて大学の運営にも深くかかわるよう

用語解説

＊1　宗教改革
　1517年、ドイツの修道士マルティン・ルター（1483～1546）が、カトリック教会の免罪符販売を批判した「95か条の論題」を発表したことから始まった、ヨーロッパにおける一連の教会改革です。現在のプロテスタント諸教会が誕生するきっかけとなりました。

になると、政治的・宗教的な秩序や規律に基づく教育と学習が模索され始めます。国家や教会による大学教育と学生生活の管理・統制が図られるなか、大学における教育や学習の内容も、より構造的、系統的、連続的に組織されていきました。カリキュラムはこうして、学生がたどって修了しなければならない学習コースを意味する語として誕生・定着し、やがて乳幼児期の教育・保育においても用いられるようになったのです。

② 「教育課程」との相違点

現在、**教育課程**は "curriculum" の訳語として使用されています。初出は1947（昭和22）年の「学習指導要領一般編（試案）」にまでさかのぼることができます。そして、1951（昭和26）年の「学習指導要領一般編（試案）改訂版」において、「学校の指導のもとに、実際に児童・生徒がもつところの教育的な諸経験、または、諸活動の全体」や「どの学年でどのような教科の学習や教科以外の活動に従事するのが適当であるかを定め、その教科や教科以外の活動の内容や種類を学年的に配当づけたもの」などと具体的に規定されて以降、学校でのみならず、一般にも広く使われるようになりました。

ところが、教育課程とカリキュラムという言葉が世間に定着し、日常的に用いられる一方、両語の明確な区別が意識されることはあまりありません。実際に、国語辞典で「教育課程」という言葉の意味を調べてみると、「学校教育の目的実現のためにつくられる、教育目標の目標・内容構成・配当時間などの総体」という説明がある一方で、端的に「カリキュラム」とも説明されています[2]。次に、「カリキュラム」を調べてみると、「広義には、学習者の学習経路を枠付ける教育内容の系列。狭義には、学校教育の内容を発達段階や学習目標に応じて系統的に配列した教育課程」と説明されています[3]。教育課程を説明するためにカリキュラムという言葉を使い、カリキュラムを説明するために教育課程という言葉を使っていることから、一般的には、両者の間には厳密な相違があるわけではないことがわかります。

しかし、まったく同じものかというと、けっしてそうではありません。カリキュラムの2つの語意を比較してみると、教育課程はカリキュラムの狭い意味にあたることがわかります。つまり、学校教育に限定して編成されたカリキュラムを、とくに教育課程と呼んでいるのです。カリキュラム自体は、学習者がどのような筋道をたどりながら学習するのかということと、教育者や保育者が何を指導するのかということを、学習者の実態に即して順序立てて配列した**全体計画**であり、学校以外の教育現場でも用いられています。そのため、カリキュラムをどのような観点からとらえるかによって、カリキュラムとそのまま表されたり、教育課程

と表されたりすることになります。

　また、幼稚園教育要領と幼保連携型認定こども園教育・保育要領には、カリキュラムと教育課程のどちらも記載されていますが、保育所保育指針にはどちらも登場しません＊2。幼稚園と認定こども園にはあてはまり、保育所にはあてはまらないことから、教育課程とは、学校教育に特有の専門用語であるといえます＊3。他方、カリキュラムについては、保育所保育指針に記述はないものの、幼稚園・保育所・認定こども園がカリキュラム・マネジメント＊4という考え方を共有していることに鑑みるに、教育・保育の両方にあてはまる言葉だといえるでしょう。

2　教育・保育におけるカリキュラムの考え方

1　なぜ教育・保育にカリキュラムが必要なのか

　カリキュラムとは、教育・保育内容の総体および教育・保育の全体計画を意味しますが、一般的に、活動に関する内容の構成や計画の立案は、達成したい目的や目標があって初めて行われます。実際に、幼稚園は「義務教育及びその後の教育の基礎を培うものとして、幼児を保育し、幼児の健やかな成長のために適当な環境を与えて、その心身の発達を助長すること」（学校教育法第22条）を、保育所は「保育を必要とする子どもの保育を行い、その健全な心身の発達を図ること」（保育所保育指針）＊5を目的としています。保育者が日々の教育・保育において、子どものみずから育とうする力を活動の核心としているのも、子どもの健やかな成長と心身の調和的な発達を支援しているのも、すべてはこれらの目的を実現するためにほかなりません。

　しかし、これほどの目的を一朝一夕に成就させることは不可能です。0歳児が、食事や着替え、排泄などの生命の維持に必要な生活行動でさえ、保育者の手助けを借りなければできないように、子どもは心身の自然な発達のもと、幼稚園や保育所、認定こども園（以下、「幼稚園や保育所等」といいます）での生活を通して、少しずつ人間として生きていくために必要な資質や能力を獲得していきます。子どもは、保育者の援助や見守りに支えられながら、次第に自力でできることを増やしていき、自分でなにかをすることに自信をもつようになるのです。

　乳幼児期の教育・保育では、子ども一人ひとりの発達の状況をそのつど見極めつつ、長い時間をかけてじっくり取り組む姿勢が求められます。さらに乳幼児期は、自我が芽生え、生涯にわたる**人格形成の基礎**が培われる時期でもあります。幼稚園や保育所等での教育・保育のあり方が、乳幼児期以降も長期にわたってさまざまな影響を個人や社会に与えることに鑑みれば、子どものその後の人生を左右する重大な時期に、行き当たりばったりの教育・保育を行うことほど無責任な

ことはありません。だからこそ、子どもの発達の特性を十分に理解したうえで、子どもの未来を見据える長期的な視野をもって、入園から卒園までの生活全体における見通しを立てる（＝カリキュラムを編成する）ことが、幼稚園や保育所等での活動においては必須となるのです。

② 幼稚園におけるカリキュラム──教育課程

幼稚園におけるカリキュラムは、**教育課程**と呼ばれています。幼稚園教育要領には、幼稚園教育の目的の達成を目指して、下記のように示されています。

> 第1章 総則　第3 教育課程の役割と編成等　1 教育課程の役割
> 　各幼稚園においては、教育基本法及び学校教育法その他の法令並びにこの幼稚園教育要領の示すところに従い、創意工夫を生かし、幼児の心身の発達と幼稚園及び地域の実態に即応した適切な教育課程を編成するものとする。

法的にこのように定められていることから[6]、幼稚園における教育課程の編成は、園の運営規定にもかかわるものであることがわかります。教育課程は、園長の責任において、園の保育者全員が協力してつくらなければならないものなのです。

また、幼稚園の教育課程は、「幼稚園における教育期間の全体を見通したものであり、幼稚園の教育目標に向かい入園から修了までの期間において、どのような筋道をたどっていくかを明らかにした計画」とされています（幼稚園教育要領解説）。つまり、教育課程とは、園に通うすべての子どもを対象とした、入園から卒園までの最長3年間の園生活を予測した幼児教育の計画であることがわかります。しかし、その計画を立てるためには、保育者には3年分の子どもの発達の道筋が見えていなければなりません。幼稚園の教育課程は、幼児期の子どもの発達の連続性を表したものでもあるのです。

*6 幼稚園教育要領や保育所保育指針、幼保連携型認定こども園教育・保育要領が法的拘束力をもつことについては、第2章（p.14）を参照。

> ── **幼稚園における全体的な計画** ──
>
> 　幼稚園においては、狭義の意味におけるカリキュラムである教育課程のみならず、広義の意味におけるカリキュラムである全体的な計画も作成しなければなりません。幼稚園における全体的な計画とは、教育課程とそれを中心に作成した「教育課程に係る教育時間の終了後等に行う教育活動の計画」（例：預かり保育）、「学校保健計画」（例：健康診断）、「学校安全計画」（例：避難訓練）などを総合した計画のことをいいます[7]。
> 　幼稚園は、子どもが教育を受ける場であると同時に、保育者や友だちと生活する場でもあることから、教育課程に基づいて実施されるような義務教育とその後の教育の基礎を培うための活動計画だけでなく、それを諸般において支えるような子どもの健やかな成長に資する適切な環境を構成するための活動計画も必要となるのです。教育課程をもとに全体的な計画を作成することで、各計画に全体としてのまとまりをもたせ、関連性を明確にすることができ、より一貫性のある幼稚園運営につながっていきます。

*7 保育所における全体的な計画については、次ページの③を参照。

③ 保育所におけるカリキュラム──全体的な計画

保育所におけるカリキュラムは、**全体的な計画**（旧称：保育課程）と呼ばれています[*8]。保育所保育指針には、下記のように規定されています。

さらに詳しく

*8 2017（平成29）年に幼保連携型認定こども園教育・保育要領を改訂する際、幼稚園教育要領と保育所保育指針の幼児教育に関する記述を共通化させ、構成的な整合性を図る必要が出てきたため、全体的な計画へと名称が改められました。

> 第1章 総則 3 保育の計画及び評価 (1) 全体的な計画の作成
> ア ……保育の目標を達成するために、各保育所の保育の方針や目標に基づき、子どもの発達過程を踏まえて、保育の内容が組織的・計画的に構成され、保育所の生活の全体を通して、総合的に展開されるよう、全体的な計画を作成しなければならない。

全体的な計画は、おおむね幼稚園の教育課程に対応するものであることがわかります。

ただし、保育所の全体的な計画は「入所から就学に至る在籍期間の全体にわたって、保育の目標を達成するために、どのような道筋をたどり、養護と教育が一体となった保育を進めていくのかを示すもの」（保育所保育指針解説）とされるように、各園の理念や目標に基づく園生活全体を見通した大まかな計画という点では教育課程と同じですが、養護と教育を一体的に行うという点では、両者は編成の要素や視点が明確に異なります[*9]。自立的な生活を送ることがまだむずかしい0・1・2歳児の保育も担う保育所等では、保育者による養護的な配慮と、子ども自身が養護的配慮をみずから行えるようになるための援助やかかわりが欠かせません。ただ単に子どもの世話をすることではなく、子どもの福祉の積極的な増進を図ろうとするところに、保育所保育の基盤を見出すことができます。ようするに、5領域からなる幼児教育の部分のみならず、子どもの生理的欲求や気持ちの充足を図る養護の部分もふまえながら編成されたものが、全体的な計画なのです。

覚えておこう

*9 保育所等の保育における養護とは、子どもの生命の保持（子どもが健康で安全に生活できるように支援すること）と情緒の安定（子どもが保育者との信頼関係のもとに安心して過ごすことができるように支援すること）を図るために保育者等が行う援助やかかわりを意味します。

④ 認定こども園におけるカリキュラム ──教育及び保育の内容並びに子育ての支援等に関する全体的な計画

幼保連携型認定こども園（以下、「認定こども園」といいます）におけるカリキュラムは、**教育及び保育の内容並びに子育ての支援等に関する全体的な計画**（以下、「"全体的な計画"」といいます）と呼ばれています。幼保連携型認定こども園教育・保育要領によると、下記のように示されています。

> 第1章 総則 第2 教育及び保育の内容並びに子育ての支援等に関する全体的な計画等
> 　　1 教育及び保育の内容並びに子育ての支援等に関する全体的な計画等
> (1) 教育及び保育の内容並びに子育ての支援等に関する全体的な計画の役割
> 　　……全体的な計画とは、教育と保育を一体的に捉え、園児の入園から修了までの在園

期間の全体にわたり、幼保連携型認定こども園の目標に向かってどのような過程をたどって教育及び保育を進めていくかを明らかにするものであり、子育ての支援と有機的に連携し、園児の園生活全体を捉え、作成する計画である。

　一見すると、認定こども園における"全体的な計画"と、保育所における全体的な計画は、同じもののように思われます。しかし、認定こども園は、幼稚園と保育所の両方の機能や特長をあわせもつ施設です。そのカリキュラムもまた「教育課程その他の教育及び保育の内容」に関するものであることが定められていることから、"全体的な計画"は、幼稚園と保育所の両方のカリキュラムの性質をあわせもっているととらえることができます。そのため、認定こども園において"全体的な計画"を編成するときには、幼稚園と同じように、教育課程に係るさまざまな事項も考慮しなければならないことから、両者は異なるカリキュラムとして見られなければなりません。

　実際に、認定こども園における"全体的な計画"は、幼稚園的な「満3歳以上の園児の教育課程に係る教育時間の教育活動のための計画」や「学校安全計画、学校保健計画」と、保育所的な「満3歳以上の保育を必要とする子どもに該当する園児の保育のための計画」や「満3歳未満の保育を必要とする子どもに該当する園児の保育のための計画」と、両者に共通する「食育の計画等」から構成されています。したがって、幼稚園における全体的な計画と、保育所における全体的な計画を、認定こども園における教育・保育の目標に鑑みながら、一体的に構成しようとしたものが、認定こども園における"全体的な計画"であるといえるのです。

⑤ 乳幼児期の教育・保育の特性——"環境を通して行う"

　幼稚園教育要領には、幼稚園教育の基本として「幼児期の特性を踏まえ、環境を通して行うものであることを基本とする」と定められています[10]。保育所保育指針にも、保育所の役割として「子どもの状況や発達過程を踏まえ、保育所における環境を通して、養護及び教育を一体的に行うこと」が規定されています[11]。これらから、幼稚園教育や保育所保育は、乳幼児期の子どもの特性、一人ひとりの実態や発達過程をしっかり把握したうえで、**環境**を通して行うことが原則となっていることがわかります。

　さて、幼稚園や保育所等における諸活動が、環境を通して行うことを原則とするのであれば、教育課程や全体的な計画を立案するうえでも、環境が重視されなければならないことになります。幼稚園や保育所等は、生涯にわたる人間形成が始まるきわめて重要な時期に、子どもが生活時間の大半を過ごす場となります。

＊10　「幼稚園教育要領」第1章総則「第1　幼稚園教育の基本」より。

＊11　「保育所保育指針」第1章総則「1　保育所保育に基づく基本原則」⑴保育所の役割のイより。

用語解説

＊12　孟母三遷
　性善説を唱えた中国の思想家・孟子（前372頃〜前289頃）の母親が、わが子の教育にふさわしい場所を求めてたびたび引っ越したという故事です。現在では、子どもの教育にはよい環境が重要であるということや、教育熱心な母親のたとえとして用いられています。

また、孟母三遷の故事が示すように＊12、短期間のうちに著しい心身の発達を見せる乳幼児期の子どもが、周囲の環境からの影響を非常に強く受けることは広く知られています。乳幼児期の子どもの健やかな成長・発達にとって最適な環境を構成するための指針となる教育課程や全体的な計画を編成することは、保育者の最も重要な役割の一つなのです。

　ただし、幼稚園や保育所等における環境は、自然環境や社会環境だけではなく、「教師や友達との関わりを含めた状況全て」（幼稚園教育要領解説）、「人、物、場が相互に関連し合ってつくり出されていくもの」（保育所保育指針解説）などの要素も内包した総合的な概念です。つまり、教育や保育における環境とは、有形無形の区別なく、子どもを取り巻くありとあらゆるものやことであり、子どもにとっては自分以外のすべてが環境なのです。

　また、環境とは、子どもがみずからの意志でそれにかかわることを通して、みずから成長・発達していくための糧となるものでなければ、子どもの周りにある意味がありません。環境を通して行う教育や保育では、子どもがみずからの興味や関心に基づいて身近な環境にかかわり、直接的・具体的な体験を重ねていくことができるよう、保育者が積極的に促していく必要があります。そして、環境との相互作用のなかで子どもが成長・発達するのであれば、保育者はそれにふさわしい環境を計画的に構成しなければなりません。しかもそれは、乳幼児期の子どもの特性や発達などを考慮し、子どもの意識や必要感にも配慮した総体的なものでなければならないため、入念な準備が求められます。教育課程や全体的な計画はそのためのよりどころとなるものなのです。

3　カリキュラムの類型

　カリキュラムを編成するとき、どのようなことを教育・保育の内容として選択し組織するのか、また、どのような方法で教育・保育を実践するのかによって、できあがるカリキュラムの性質は大きく異なります。たとえば、幼稚園や保育所等でのカリキュラムを編成の仕方から類型化すると、①教科カリキュラムと②経験カリキュラムに大別できます。他方、幼稚園や保育所等において実際に育まれる子どもの資質や能力のなかには、意図的に計画され培われるものと、無意図的に培われるものがあることから、③顕在的カリキュラムと④潜在的カリキュラムに分けて考えることができます。

① 教科カリキュラム

　教科カリキュラムとは、学問的な知識や技術、文化遺産の伝達を重視して編成

されたカリキュラムのことです。「教科」という単位ごとに理論的・系統的に組織した学習内容を、効率的に子どもへ提示することができるように配慮して編成されます。教科カリキュラムでは、教師を主体とした一斉授業による画一的な指導が行われるため、子どもの学習活動はどうしても受動的にならざるをえません。そのため、具体的で直接的な経験を通じて子どもが主体的にさまざまな資質や能力を培うことを重視する幼稚園や保育所等に、教科カリキュラムはふさわしくないとされています。

　確かに、現在の幼稚園や保育所等に、小学校等で扱われるような教科は存在しません。しかし、東京女子師範学校附属幼稚園[13]のように、1877（明治10）年ごろの幼稚園教育では、小学校の教科教育と同様に「保育科目」が設定され、「保育時間表」に沿った活動が行われています（表1-1）。さらに、1956（昭和31）年に「幼稚園教育要領」が制定され、幼稚園教育の目標を達成するための望ましい経験として**領域**[14]が設定されたとき、小学校の教科と連動して解釈してしまうという問題が起きています[15]。実践現場では、領域を保育者主導で時間割によって指導するといった、小学校の教科カリキュラム的な保育活動も多く見られました。歴史上、幼稚園でも教科カリキュラム的な活動が行われなかったわけではないのです。教科カリキュラムはそれだけ広く一般的に用いられ、浸透しているカリキュラムだといえるでしょう。

表1-1　保育時間表（年少組）

	土	金	木	水	火	月	
	同	同	同	同	同	室内会集	30分
	同	体操	唱歌	同	同	体操	30分
	画解	形体の積み方	計数・体操	三角物	小話	球の遊び	45分
	木箸の置き方	針画	鎖の連接	畳紙	貝の遊び	図画	45分
	同	同	同	同	同	遊戯	90分

出典：文部省『幼稚園教育百年史』ひかりのくに　1979年　p.59をもとに筆者作成

② 経験カリキュラム

　経験カリキュラムとは、その名のとおり、子どもの直接的な体験や日々の生活経験をもとにして編成されるカリキュラムのことです。今日の幼稚園や保育所等では、経験カリキュラムをふまえての遊びを重視した児童中心主義的[16]な教育・保育が主流となっており、いかにして子どもが主体的に生活や経験を広げ、多様な体験や経験を得られるかに主眼が置かれています。

　教科カリキュラムへの批判から生まれた経験カリキュラムでは、教育・保育の内容を子どもの興味・関心や実際の生活の様子に基づいて決定し、活動の展開にあたっても、子どもが自発的かつ意欲的に学びを深めていく過程を重視します。

CHECK !

＊13　東京女子師範学校附属幼稚園
　現在のお茶の水女子大学附属幼稚園。1876（明治9）年に、日本初の官立幼稚園として開園しました。1917（大正6）年に幼稚園主事となった倉橋惣三（1882～1955）は、日本の教育・保育の充実と発展に非常に大きな影響を与えています。

用語解説

＊14　領域
　保育者が、子どもの育ちをとらえたり、子どもの生活を通して総合的な指導を行ったり、子どものかかわる環境を構成したりする際の視点のことです。当初、領域は、「健康」「社会」「自然」「言語」「音楽リズム」「絵画製作」の6つでしたが、現在では「健康」「人間関係」「環境」「言葉」「表現」の5つにまとめられています。

＊15　これについては、第2章（p.15）も参照。

用語解説

＊16　児童中心主義
　子ども一人ひとりの個性や感性、自由、興味・関心、自発性などを重視して教育・保育を実践しようとする考え方のことです。そこでは、子どもは教育・保育の主体であり、教育・保育は子どもの自然な発達に即して行われるべきであるとされています。

これは、教科カリキュラムにおける保育者を中心とした教育・保育の実践を、子どもを中心とした視点からとらえ直したものであり、子どもの**主体性**を尊重しながら、教育・保育のあり方を考えていくものです。そのため、経験カリキュラムは、子ども一人ひとりの経験の連続性や、子どもと環境の相互作用が十分に考慮されたうえで、子どもが園生活を通して成長・発達に必要な経験を過不足なく得るものでなければなりません。

　ただし、子どもが保育の主体であるからといって、保育者の指導性がなくなるということにはなりません。むしろ保育者には、子どもの実態や興味・関心に対する理解を深め、それぞれの時期にふさわしい生活が展開されるよう、適切な指導を積み重ねていくことが求められています。特に、教科のような教材を介した体系的な教育・保育内容のない幼稚園や保育所等では、子どもの意欲や主体性に基づく自発的な活動としての遊びが園での生活の中心になるとともに、心身の調和的な発達の基礎を培う重要な学習となります。そのため、遊びにおける子どもの意欲や主体性をどのように確保するのか、子どもの生活経験の質をどのように向上させていくのかを考えなければならない点において、保育者の意図性・計画性も経験カリキュラムの大切な構成要素だといえるのです。

③ 顕在的カリキュラム

　幼稚園教育要領や教育課程、保育所保育指針や全体的な計画などのような、教育・保育のねらいや内容を言葉や図表などを用いて可視化したカリキュラムのことを、**顕在的カリキュラム**といいます。これは明示的に組織されるものであるため、一般にカリキュラムを編成するという場合、実際には顕在的カリキュラムを組織するということになります。

　さて、しばしば顕在的カリキュラムは、IEA（国際教育到達度評価学会）[*17]による、①意図したカリキュラム（制度によって定義された教育・学習目標）、②実施したカリキュラム（教師が①を解釈して子どもに教授するもの）、③達成したカリキュラム（子どもが学習を通して獲得したもの）の概念からとらえ直されることがあります。日本の乳幼児期の教育・保育にこれらをあてはめてみると（図1-1）、①は幼稚園教育要領や保育所保育指針、幼保連携型認定こども園教育・保育要領に、②は教育課程や全体的な計画に、③は「幼児期の終わりまでに育ってほしい姿」[*18]に該当します。毎日の教育・保育の積み重ねが③の顕在化へとつながっていくようにするためには、①の趣旨をよく理解したうえでの②の効果的な展開が欠かせません。そして、幼稚園や保育所等における実際の教育・保育は、①をもとに③を見据えながら、②を構成する仕方で実践されていくものです。そのため、①と③を結びつけ、子どもの育ちのあり方を直接的に左右し得る②の質の高さをどの

用語解説

＊17　IEA
　International Association for the Evaluation of Educational Achievement の略称。多くの国際研究機関や政府調査機関、学者らが協力し、世界中の教育の研究、解釈、改善などに取り組んでいる国際協同組合をいいます。

＊18　「幼児期の終わりまでに育ってほしい姿」については、第2章（p.20）と第11章（p.118）を参照。

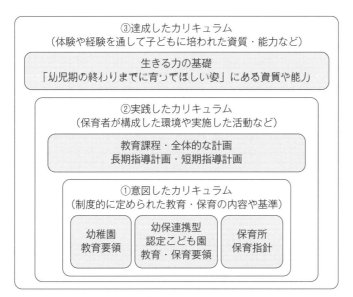

図1-1　IEA の分類に基づく教育・保育における顕在的カリキュラムの分類

ように確保するかが、顕在的カリキュラムの編成時には非常に重要な課題となるのです。

4 潜在的カリキュラム

　国家や保育者による意図的・明示的なカリキュラムを顕在的カリキュラムというのに対して、無意図的・暗黙的に子どもの人格形成に作用し、幼稚園や保育所等での生活のあり方に大きな影響を与えるカリキュラムのことを、**潜在的カリキュラム**と呼びます。「隠れたカリキュラム」とも呼ばれるこのカリキュラムは、保育者から意図的・計画的にもたらされる知識や経験とは別に、保育者があずかり知らないところで教育的機能を果たしたり、ときには保育者の意図や計画に反したりしながら子どもが獲得していくさまざまな学びや経験の内容なのです。

　潜在的カリキュラムは、顕在的カリキュラムを通して子どもに作用するカリキュラムでもあります。たとえば、降園の準備の時間に、友だちとの会話に夢中になって支度が遅れているA児に、B児が「帰る準備しなきゃダメだよ」と注意する場面があるとしましょう。降園に備えて身支度することは顕在的カリキュラムですが、B児の注意は潜在的カリキュラムにあたります。なぜなら、B児の自発的な言葉は、顕在的カリキュラムにおいてみずから学んだり経験したりしたことだけに由来するものではなく、日常的に目にする保育者の行動様式や価値観、クラスの全体的な雰囲気や現在の状況、A児との人間関係などに基づいて発せられたものだからです。言い換えれば、そのときの保育者の意図とも計画とも無関

係の体験を、B児はしたことになります。

　図1-1に鑑みれば、B児の行為それ自体は、③の表れにすぎないかもしれません。しかし、直接的に②を介していないという点では、顕在的カリキュラムの枠組みに属さない学びや経験でもあるのです。潜在的カリキュラムは、顕在的カリキュラムに組み込まれていない・組み込むことができない部分にかかわる教育・保育内容の総体であるとともに、教育や保育が、意図的に組織されたものによってのみ機能するものではないことを明らかにしています。そのため、教育課程や全体的な計画などを実際に編成する際には、何を潜在的カリキュラムとして把握し、どのように顕在的カリキュラムに含めていくかが課題となるのです。

POINT

・カリキュラムと教育課程・全体的な計画との間には、全体と部分のような関係性があり、場面や状況に応じて言葉を使い分けています。
・幼稚園や保育所等での教育・保育の特性は、環境を通して乳幼児期の子どもの育ちを支えていくことにあります。
・幼稚園や保育所等のカリキュラムは、潜在的カリキュラムをふまえつつ、顕在的カリキュラムや経験カリキュラムの見地から編成されています。

演習問題

① どうして教育・保育にはカリキュラム（教育課程や全体的な計画）が必要なのでしょうか。
② 自身の幼稚園や保育所等での生活を振り返ってみて、どのようなことが潜在的カリキュラムであったと考えられるでしょうか。

第2章 幼稚園教育要領・保育所保育指針などと「幼児期の終わりまでに育ってほしい姿」

幼稚園教育要領や保育所保育指針、幼保連携型認定こども園教育・保育要領は、教育・保育のカリキュラムにどのような影響をもつでしょうか。本章では、幼稚園教育要領や保育所保育指針、幼保連携型認定こども園教育・保育要領のそれぞれの性格や現在に至るまでの歴史、これらと教育課程・全体的な計画の関係を示します。くわえて、幼稚園や保育所、認定こども園が幼児教育を行う施設として共有すべき事項は、指導計画においてどのような意味をもつのかを学びます。

① 幼稚園教育要領や保育所保育指針、幼保連携型認定こども園教育・保育要領とカリキュラムの関係は、どのようになっているでしょうか。
② 幼児教育を行う施設として共有すべき事項とはなんでしょうか。

🔒 **Keywords** 告示　育みたい資質・能力　幼児期の終わりまでに育ってほしい姿

1　幼稚園教育要領・保育所保育指針などの性格

① 告示としての規範性

幼稚園の教育課程は、次のように、学校教育法および同施行規則により、幼稚園教育要領に基づくものと定められています。

> **学校教育法**
> 第25条　幼稚園の教育課程その他の保育内容に関する事項は、第22条及び第23条*1の規定に従い、文部科学大臣が定める。
>
> **学校教育法施行規則**
> 第38条　幼稚園の教育課程その他の保育内容については、……教育課程その他の保育内容の基準として文部科学大臣が別に公示する幼稚園教育要領によるものとする。

保育所の全体的な計画は、次のように、「児童福祉施設の設備及び運営に関する基準」で規定された保育所保育指針をふまえることとなっています。

> **児童福祉施設の設備及び運営に関する基準**
> 第35条　保育所における保育は、養護及び教育を一体的に行うことをその特性とし、その内容については、厚生労働大臣が定める指針に従う。

 さらに詳しく

*1　学校教育法
　第22条　幼稚園は、義務教育及びその後の教育の基礎を培うものとして、幼児を保育し、幼児の健やかな成長のために適当な環境を与えて、その心身の発達を助長することを目的とする。
　第23条　幼稚園における教育は、前条に規定する目的を実現するため、次に掲げる目標を達成するよう行われるものとする。（一～五省略）

幼保連携型認定こども園の「教育及び保育の内容並びに子育て支援等に関する全体的な計画」は、次のように、「就学前の子どもに関する教育、保育等の総合的な提供の推進に関する法律（通称：認定こども園法）」で、幼保連携型認定こども園教育・保育要領によるものと定められています。

> **認定こども園法**
> 第10条第1項　幼保連携型認定こども園の教育課程その他の教育及び保育の内容に関する事項は、第2条第7項[*2]に規定する目的及び前条に規定する目標に従い、主務大臣が定める[*3]。

以上のように、幼稚園教育要領や保育所保育指針、幼保連携型認定こども園教育・保育要領（以下、「幼稚園教育要領や保育所保育指針等」といいます）は、各省庁による**告示**としての規範性、いわゆる**法的拘束力**をもつものです。そのため、幼稚園や保育所等の保育内容や教育課程、全体的な計画もそれらにしばられることになります。つまり、教育課程や全体的な計画は、国公立や私立を問わず、すべての園において、教育・保育の公的性格を確保する立場から、各種法令、幼稚園教育要領や保育所保育指針等をふまえて、編成・作成されなければならないのです。

② 法的拘束力をもつ意味

では、教育課程や全体的な計画の基準となる幼稚園教育要領や保育所保育指針等は、なぜ法的拘束力をもつのでしょうか。

その答えは、端的にいえば、公の性質を有する幼稚園や保育所等の教育・保育水準を全国的に確保するため、そして大綱的に定められた基準を土台として、各園で保育内容や教育課程、全体的な計画の創意工夫や充実を図る条件づくりのためだといえます。つまり、保育者には、これらの国家的な基準のもと、乳幼児期の発達を見通し、その育ちが可能となるよう各時期に必要な保育内容を明らかにし、計画性のある指導を行うことが求められるのです。

2　幼稚園教育要領・保育所保育指針などの変遷

① 幼稚園教育要領

1　前史としての保育要領

戦後日本における保育内容・教育課程の国家的基準の歴史は、1948（昭和23）年の保育要領（幼児教育の手びき：昭和22年度試案）に始まります。これは文部

省（現在の文部科学省）が刊行したもので、幼稚園のみならず保育所や家庭でも活用が期待されたものの、法的拘束力はありませんでした。保育内容については、「見学」「リズム」「休息」「自由遊び」「音楽」「お話」「絵画」「製作」「自然観察」「ごっこ遊び・劇遊び・人形芝居」「健康保育」「年中行事」が示されています。

2　幼稚園教育要領の刊行と 1964（昭和 39）年の改訂

　1956（昭和 31）年、文部省は保育要領に手を加えるかたちで、幼稚園教育要領を刊行しました。その主な変更点は、①幼稚園の保育内容について小学校との一貫性をもたせるため、「健康」「社会」「自然」「言語」「音楽リズム」「絵画製作」の6領域を取り入れたこと、②幼稚園教育の目標を具体化し、指導計画作成の便宜を図ったこと、③幼稚園教育における指導上の留意点を明示したことです。

　1964（昭和 39）年に改訂された幼稚園教育要領は、学校教育法施行規則第 76 条（旧）の改正により、幼稚園の教育課程の基準として位置づけられ、文部省告示文書となりました。また、望ましい子どもの経験や活動の意義をはっきりさせ、幼稚園教育における具体的な「ねらい」を6領域で示したうえで、指導および指導計画作成上の留意事項も明示するようになっています。

3　1989（平成元）年の改訂

　1989（平成元）年告示の幼稚園教育要領では、1964（昭和 39）年版が全面改訂されました。その主な変更点は、①幼稚園教育の基本である「環境を通して行う教育」を明示したこと、②領域の編成を6領域から、「健康」「人間関係」「環境」「言葉」「表現」の5領域へと改めたこと、③具体的な教育目標となる「ねらい」、その達成のために保育者が指導する「内容」を区分して各領域で示したことです。それまでは、6つの「領域」によって保育内容を示すことで小学校以上の「教科」と区別を図っていましたが、この意図は理解されにくいものでした。また、名称が小学校の教科名と似通っていたこともあって、所定の目標へ向けた領域ごとの教科指導的な系統性に重きが置かれ、保育者の指示によって知識・技能・態度を習得させるような教育も行われました[4]。そのため、このような傾向を排除する意図から、大幅な改訂が施されたのです。

*4　これについては、第1章（p.9）も参照。

4　1998（平成 10）年および 2008（平成 20）年の改訂

　1998（平成 10）年版の幼稚園教育要領は、幼児理解に基づく計画的な環境構成や保育者の適切な援助の強調など、前回の改訂における基本的な考え方を引き続き充実・発展させるものとなりました。また、幼小連携や地域に開かれた幼稚園づくり、教育課程に係る教育時間の終了後の教育活動（**預かり保育**）など、幼稚園運営の弾力化にも言及しました。

　2008（平成 20）年告示の幼稚園教育要領は、基本的な内容に大きな変化はありません。改善点としては、家庭と幼稚園生活の連携に配慮しながらの計画的な環境構成、幼小連携と協同的な学びの重視、食育の充実、子育て支援と預かり保育

の内容や意義の明確化などをあげることができます。

5　最近の改訂──2017（平成 29）年改訂

　2017（平成 29）年、幼稚園教育要領は、保育所保育指針や幼保連携型認定こども園教育・保育要領とともに改訂されました。この改訂では、2016（平成 28）年の中央教育審議会答申「幼稚園、小学校、中学校、高等学校及び特別支援学校の学習指導要領等の改善及び必要な方策等について」をふまえ、①幼稚園教育において**育みたい資質・能力**の明確化、②小学校教育との円滑な接続、③現代的な諸課題をふまえた教育内容の見なおしに加え、教育課程に係る教育時間の終了後等に行う教育活動（預かり保育）や子育て支援の充実なども図られています。

② 保育所保育指針

1　保育所保育指針の誕生

　保育所保育指針の歴史は、1963（昭和 38）年の文部省・厚生省（現在の厚生労働省）の共同通知「幼稚園と保育所との関係について」から始まります。そこでは幼保の保育内容の統一という方向性が示されており、それが 1965（昭和 40）年の厚生省児童家庭局による保育所保育指針の発表へとつながったのです。

　1965（昭和 40）年版の保育所保育指針は、前年の幼稚園教育要領の改訂内容に準ずるかたちを取りながらも、各保育所が保育内容の充実を図るうえで参考にするものとして位置づけられたため、法的拘束力は有しませんでした。保育内容については、保育所保育の基本的性格が**養護と教育の一体化**に置かれたことをふまえ、1 歳 3 か月未満、1 歳 3 か月から 2 歳まで、2 歳、3 歳、4 歳、5 歳、6 歳という 7 つの年齢区分に基づいて、各段階の発達に応じる「**領域**」が設けられました。具体的には、2 歳までの 2 段階が「生活・遊び」[*5]、2 歳が「健康・社会・遊び」、3 歳が「健康、社会、言語、遊び」、4 歳以降が幼稚園教育要領におおむね合致する「健康、社会、言語、自然、音楽、造形」となっています。また、各年齢区分の「保育のねらい」と領域ごとの「望ましいおもな活動」に基づき、「保育計画」と「指導計画」を作成することについても述べられました。

2　1990（平成 2）年の改訂

　1990（平成 2）年に、前年の幼稚園教育要領の改訂を受けるかたちで保育所保育指針も改められています。その主な変更点は、①「1 歳 3 か月未満」でまとめられていた年齢区分を「6 か月未満児」と「6 か月から 1 歳 3 か月未満児」に分化したこと、②養護にかかわる保育内容を基礎的事項として全年齢で示し、3 歳児以上の教育にかかわる保育内容を 5 領域としたこと、③保育の目標をより具体化したものを「ねらい」とし、「保母が行わなければならない事項」（養護）および「子どもが身に付けることが望まれる心情、意欲、態度などを示した事項」（教

育）を「内容」として明示したこと、④ニーズが高まった乳児保育や障害児保育、延長保育への対応に言及したことなどです。

3　1999（平成11）年の改訂

1999（平成11）年通知の保育所保育指針は、前年の幼稚園教育要領と同じく、前回の改訂における基本的な考え方を引き続き充実・発展させる内容となっています。たとえば、それまでの「年齢区分」を「発達過程区分」と改めたり、子育て支援や保健・安全面への対応が大幅に加えられたりしました。また、児童福祉法などの改正や子どもの権利条約の批准[6]を受けて、「保母」を「保育士」に改め、人権に対する配慮なども強調される内容となりました。

4　2008（平成20）年の「改定」

保育所保育指針は、2008（平成20）年、幼稚園教育要領の改訂と歩調をあわせて「改定」され、厚生労働省からの告示文書となり[7]、**法的拘束力**を伴うようになりました。これまで発達過程の区分ごとに示されていた保育内容は、一括して示されています。具体的には、養護にかかわるねらいおよび内容は「生命の保持」と「情緒の安定」において、教育にかかわるねらいおよび内容は5領域ごとの「心情・意欲・態度」で示されています。また、従来「保育計画」とされていた全体的な計画が「保育課程」の名称に改められる一方、地域の子育て支援拠点としての機能のさらなる充実や保育要録を小学校へ送付することの義務化なども書き加えられました。

5　最近の改定──2017（平成29）年改定

2017（平成29）年、保育所保育指針は、幼稚園教育要領や幼保連携型認定こども園教育・保育要領とともに改定され、現行のものとなります。この改定では、乳児・1歳以上3歳未満児の保育に関する記載の充実が図られました。乳児については**3つの視点**（「健やかに伸び伸びと育つ」「身近な人と気持ちが通じ合う」「身近なものと関わり感性が育つ」）から[8]、1歳以上3歳未満児については5領域から、保育内容が整理されています。

また、幼稚園や幼保連携型認定こども園とともに幼児教育の一翼を担う施設としての立場から、教育面のねらいおよび内容についても、幼稚園教育要領や幼保連携型認定こども園教育・保育要領とのさらなる整合性が図られました。保育の計画の作成や評価、評価をふまえた改善などについても、「保育課程」を「全体的な計画」に改めるなど、その内容を充実させています。さらに、子どもの育ちをめぐる環境の変化をふまえた健康や安全の記載の見なおしとともに、旧版の「保護者に対する支援」の章を「子育て支援」に改めたうえで、その整理と充実を図ったり、施設長の役割および研修の実施体制を中心に、体系的・組織的に保育者の資質・向上が図られるよう方向性や方法などを明確化したりするなど、全面的な改定となりました。

覚えておこう
＊6　正式名称は、「児童の権利に関する条約」で、日本は1994年に批准しています。

CHECK！
＊7　これまでの保育所保育指針は、局長通知によるものでした。

＊8　3つの視点について、詳しくは、第8章（p.80）を参照。

③ 幼保連携型認定こども園教育・保育要領

1　幼保連携型認定こども園教育・保育要領の告示

　幼保連携型認定こども園教育・保育要領は、2014（平成26）年、幼保連携型認定こども園の教育課程その他の教育および保育の内容に関する事項を定めるものとして、内閣府・文部科学省・厚生労働省共同の告示により示されました。幼保連携型認定こども園の教育課程その他の教育および保育の内容に関する事項は、認定こども園法において、幼稚園教育要領や保育所保育指針との整合性を確保し、小学校における教育との円滑な接続に配慮しなければならないと規定されています。

　2014（平成26）年版の幼保連携型認定こども園教育・保育要領は、2008（平成20）年版の幼稚園教育要領と同じ章立てが取られていました。保育内容については、第2章「ねらい及び内容並びに配慮事項」の「第1　ねらい及び内容」で教育にかかわる事項が、第1章「総則」の「第3　幼保連携型認定こども園として特に配慮すべき事項」と第2章の「第2　保育の実施上の配慮事項」で保育にかかわる事項が示されています。また、第1章の「第2　教育及び保育の内容に関する全体的な計画の作成」と第3章「指導計画作成に当たって配慮すべき事項」では、保育の計画にも触れていました。

2　最近の改訂——2017（平成29）年改訂

　2017（平成29）年、幼保連携型認定こども園教育・保育要領は、幼稚園教育要領や保育所保育指針とともに改訂のときを迎えます。この改訂では、①幼稚園教育要領や保育所保育指針との整合性のさらなる確保、②幼保連携型認定こども園として特に配慮すべき事項などの充実が図られました。その結果、旧版では3章構成だったものが4章構成に改められ、第1章「総則」と第2章「ねらい及び内容並びに配慮事項」に加えて、第3章「健康及び安全」と第4章「子育ての支援」が置かれ、幼稚園教育要領だけでなく保育所保育指針との整合性も見えやすくなっています。

　また、幼保連携型認定こども園教育・保育要領の全体を通して、幼保連携型認定こども園の教育と保育が一体的に行われることを明示するとともに、子どもの園生活全体をとらえて作成する計画として「教育及び保育の内容並びに子育ての支援等に関する全体的な計画」を明確に位置づけ、教育・保育の充実を図っています。

3　幼児教育を行う施設として共有すべき事項

① 育みたい資質・能力

1　共有すべき事項が求められた背景

　幼稚園教育要領や保育所保育指針等の改訂の歴史では、小学校との接続や連携のあり方がくり返し問われてきました。2017（平成29）年改訂の現行版では、これまで以上に接続や連携が問われ、教育課程や全体的な計画、指導計画にかかわる重要事項として位置づけられています。これらの背景には、なにがあるのでしょうか。

　まず、法令により、「幼児期の教育は、生涯にわたる人格形成の基礎を培う重要なもの」であり[9]、幼稚園などでは「義務教育及びその後の教育の基礎を培う」[10]ことが必要だとされています。また、**小1プロブレム**[11]などの課題をふまえ、幼稚園や保育所等が小学校との連携をいっそう強化し、子どもの学びの連続性を確保すべきだという社会的要請があります。

　このような課題に応えるかたちで、2017（平成29）年の改訂では、各学校段階およびすべての教科等において共通して育成を目指す**資質・能力**が明確化され、幼稚園から高等学校までが一連の教育としてとらえられるようになりました。そして、幼稚園や保育所等について、制度や歴史は異なるけれど、ともに幼児教育を担う施設として、幼稚園教育要領や保育所保育指針等に共通の事項が組み込まれます。その事項とは、①「育みたい資質・能力」と「幼児期の終わりまでに育ってほしい姿」をねらいおよび内容に位置づけて、教育課程や全体的な計画、指導計画の充実を図ること、②「幼児期の終わりまでに育ってほしい姿」を小学校の教師と共有するなどの連携により、幼児期の教育・保育と小学校教育との円滑な接続を図るよう努めることです。

2　「育みたい資質・能力」とは

　「**育みたい資質・能力**」として、幼稚園・保育所・認定こども園が共有すべきことを見てみましょう。それは、次のようなものです。

育みたい資質・能力

① 豊かな体験を通じて、感じたり、気付いたり、分かったり、できるようになったりする「知識及び技能の基礎」

② 気付いたことや、できるようになったことなどを使い、考えたり、試したり、工夫したり、表現したりする「思考力、判断力、表現力等の基礎」

③ 心情、意欲、態度が育つ中で、よりよい生活を営もうとする「学びに向かう力、人間性等」

---

*9　教育基本法第11条。

*10　学校教育法第22条、認定こども園法第2条第7項。

 用語解説

*11　小1プロブレム

　小学1年生の学級で、入学後の落ち着かない状態がいつまでも解消されず、教師の話を聞かない、指示どおりに行動しない、授業中に勝手に教室を立ち歩いたり教室から出て行ったりするなど、授業が成立しない事態へと拡大して、それが数か月間継続することをいいます。

「育みたい資質・能力」は、幼児期の特性から、小学校以降のように、いわゆる教科指導によって育まれるものではなく、子どもの自発的な活動である遊びや生活のなかで、感性を働かせてよさや美しさを感じ取ったり、不思議さに気づいたり、できるようになったことなどを試したり、いろいろな方法を工夫したりすることなどを通じて育むことが重要だとされています[*12]。

*12　教育・保育の特性については、第1章（p.7）を参照。

したがって、「育みたい資質・能力」は、教育的で計画的な環境構成のもと、ねらいおよび内容に基づき、子どもの発達の実情や子どもの興味や関心などをふまえながら展開する活動全体によって育まれるものです。したがって、実際の保育場面では、それらを個別に取り出して指導するのではなく、遊びを通した総合的な指導のなかで一体的に育むよう努めなければなりません。また、教育課程の編成や全体的な計画の作成にあたっては、「育みたい資質・能力」をふまえつつ、各園の教育・保育目標を明確にするとともに、教育課程や全体的な計画の基本方針を家庭や地域と共有するように努めることも必要になります。

② 幼児期の終わりまでに育ってほしい姿

1　「幼児期の終わりまでに育ってほしい姿」とは

「幼児期の終わりまでに育ってほしい姿」（以下、「10の姿」といいます）は、ねらいおよび内容に基づく活動全体を通して資質・能力が育まれている子どもの修了時（卒園時）の具体的な姿です。それは、保育者が日々の指導を行う際に考慮すべきものだとされており、ねらいや内容と結びつくように5領域の順番で、表2−1の10項目が示されています[*13]。

覚えておこう

*13　表2−1は幼稚園教育要領から示していますが、保育所や認定こども園もほぼ同じ内容です。

*14　「幼児期の終わりまでに育ってほしい姿」については、第11章（p.118）も参照。

表2−1の10項目は、各園で幼児期にふさわしい遊びや生活を積み重ねることにより、「育みたい資質・能力」が育まれている子どもの具体的な姿であり、特に5歳児後半に見られるようになるものです[*14]。その姿は、到達すべき目標でも、個別に取り出されて指導されるものでもなく、一人ひとりの発達の特性に応じて育っていくものであり、すべての子どもに同じような姿が見られるものではないことに注意しなければなりません。したがって、5歳児だけでなく、3歳児・4歳児の時期から、子どもが発達していく方向を意識し、それぞれの時期にふさわしい指導を積み重ねていくことで育まれるものだといえます。保育者は、「10の姿」を念頭に置いて、日々の遊びや生活のなかで子どもが発達していく姿をとらえ、一人ひとりの発達に必要な体験が得られるような状況をつくったり、必要な援助を行ったりするなど、指導を行う際に考慮することが必要になります。

表 2-1　幼児期の終わりまでに育ってほしい姿（10 の姿）

① 健康な心と体

　　幼稚園生活の中で、充実感をもって自分のやりたいことに向かって心と体を十分に働かせ、見通しをもって行動し、自ら健康で安全な生活をつくり出すようになる。

② 自立心

　　身近な環境に主体的に関わり様々な活動を楽しむ中で、しなければならないことを自覚し、自分の力で行うために考えたり、工夫したりしながら、諦めずにやり遂げることで達成感を味わい、自信をもって行動するようになる。

③ 協同性

　　友達と関わる中で、互いの思いや考えなどを共有し、共通の目的の実現に向けて、考えたり、工夫したり、協力したりし、充実感をもってやり遂げるようになる。

④ 道徳性・規範意識の芽生え

　　友達と様々な体験を重ねる中で、してよいことや悪いことが分かり、自分の行動を振り返ったり 、友達の気持ちに共感したりし、相手の立場に立って行動するようになる。また、きまりを守る必要性が分かり、自分の気持ちを調整し、友達と折り合いを付けながら、きまりをつくったり、守ったりするようになる。

⑤ 社会生活との関わり

　　家族を大切にしようとする気持ちをもつとともに、地域の身近な人と触れ合う中で、人との様々な関わり方に気付き、相手の気持ちを考えて関わり、自分が役に立つ喜びを感じ、地域に親しみをもつようになる。また、幼稚園内外の様々な環境に関わる中で、遊びや生活に必要な情報を取り入れ、情報に基づき判断したり、情報を伝え合ったり、活用したりするなど、情報を役立てながら活動するようになるとともに、公共の施設を大切に利用するなどして、社会とのつながりなどを意識するようになる。

⑥ 思考力の芽生え

　　身近な事象に積極的に関わる中で、物の性質や仕組みなどを感じ取ったり、気付いたりし、考えたり、予想したり、工夫したりするなど、多様な関わりを楽しむようになる。また、友達の様々な考えに触れる中で、自分と異なる考えがあることに気付き、自ら判断したり、考え直したりするなど、新しい考えを生み出す喜びを味わいながら、自分の考えをよりよいものにするようになる。

⑦ 自然との関わり・生命尊重

　　自然に触れて感動する体験を通して、自然の変化などを感じ取り、好奇心や探究心をもって考え言葉などで表現しながら、身近な事象への関心が高まるとともに、自然への愛情や畏敬の念をもつようになる。また、身近な動植物に心を動かされる中で、生命の不思議さや尊さに気付き、身近な動植物への接し方を考え、命あるものとしていたわり、大切にする気持ちをもって関わるようになる。

⑧ 数量や図形、標識や文字などへの関心・感覚

　　遊びや生活の中で、数量や図形、標識や文字などに親しむ体験を重ねたり、標識や文字の役割に気付いたりし、自らの必要感に基づきこれらを活用し、興味や関心、感覚をもつようになる。

⑨ 言葉による伝え合い

　　先生や友達と心を通わせる中で、絵本や物語などに親しみながら、豊かな言葉や表現を身に付け、経験したことや考えたことなどを言葉で伝えたり、相手の話を注意して聞いたりし、言葉による伝え合いを楽しむようになる。

⑩ 豊かな感性と表現

　　心を動かす出来事などに触れ感性を働かせる中で、様々な素材の特徴や表現の仕方などに気付き、感じたことや考えたことを自分で表現したり、友達同士で表現する過程を楽しんだりし、表現する喜びを味わい、意欲をもつようになる。

出典：文部科学省「幼稚園教育要領」2017 年

　また、「10の姿」は、目的・目標として教育課程や全体的な計画、指導計画に位置づけられるものではありません。それは、乳幼児期にふさわしい遊びや生活を通して、「育みたい資質・能力」が育まれている具体的な姿となるものです。保育者は、その姿を念頭に置きながら子どもを理解し、教育課程や全体的な計画、指導計画を作成していきます。

　特に、指導計画の作成においては、「10の姿」を念頭に、各領域のねらいを俯瞰的にとらえたり、それらと「10の姿」を結びつけてみたりすることで、「子どもの生活する姿」という全体的・総合的な視点に加え、育ちの道筋という系統的な視点から乳幼児の発達を理解しなければなりません。一人ひとりの子どもと直接触れあいながら、その思いや考えを理解し、現在までの育ちが「幼児期の終わりまでに育ってほしい姿」へと向かっていることを意識して、指導計画を作成する必要があります。

2　小学校との接続

　幼児期の教育・保育には、「10の姿」を手がかりに小学校の教師と子どもの姿を共有するなど、小学校教育との円滑な接続を図ることも求められています。

　幼児期の教育・保育は、幼児期の発達の特性に照らして子どもの自発的な活動としての「遊び」を重要な学びとして位置づけ、教育課程や全体的な計画をふまえて、保育者が「環境を通して」意図的・計画的に行うものです。そこでは、子どもは、遊びを通して身体感覚をともなう多様な活動を経験することによって豊かな感性を養うとともに、生涯にわたる学習意欲や学習態度の基礎となる好奇心や探究心を培い、小学校以降における教科の内容などを深く理解できることにつながるような資質・能力を育んでいきます。

　一方、小学校の教育は、子どもの有する能力を伸ばしつつ社会において自立的に生きる基礎を培うとともに、国家および社会の形成者として必要とされる基本的な資質を養うという役割を果たすものです。そこでは、子どもは、年間や単元の指導計画のもと、時間割に基づき、教科書などの教材を用いて各教科等の内容を学習していきます。

　このように、遊びを中心とする幼児期の教育・保育と教科等の学習を中心とする小学校教育は、教育内容や指導方法が異なっていますが、幼稚園や保育所等から小学校への子どもの発達や学びは連続しているため、両者は円滑に接続されることが望まれます。2017（平成29）年改訂（改定）の幼稚園教育要領や保育所保育指針等で新たに明示された「10の姿」は、このような幼稚園や保育所等から小学校への円滑な接続の手がかりとして期待されるものなのです。

　さらに、幼稚園や保育所等では、「10の姿」に基づいて作成した指導要録や保育要録を小学校へ送付するほか[15]、小学校との定期的な意見交換や合同の研究会・研修会、保育参観や授業参観を行うなど、小学校と情報を共有する工夫をし

＊15　指導要録や保育要録については、第6章（p.67）を参照。

なければなりません。一方の小学校でも、「幼児期の終わりまでに育ってほしい姿を踏まえた指導を工夫することにより、幼稚園教育要領等に基づく幼児期の教育を通して育まれた資質・能力を踏まえて教育活動を実施し、児童が主体的に自己を発揮しながら学びに向かうことが可能となるようにすること」[16] が求められています。

　このように、「10の姿」を通して、両者が小学校就学時の子どもの姿を共有することで、幼稚園や保育所等と小学校との接続がいっそう強化されることを期待しているのです。

＊16　「小学校学習指導要領」第1章「総則」の第3「教育課程の役割と編成等」より。

ＰＯＩＮＴ

・幼稚園教育要領や保育所保育指針、幼保連携型認定こども園教育・保育要領は、「告示」として規範性、いわゆる法的拘束力をもちます。
・幼稚園教育要領や保育所保育指針、幼保連携型認定こども園教育・保育要領は、教育課程の編成や全体的な計画の作成の基準となります。
・「育みたい資質・能力」「幼児期の終わりまでに育ってほしい姿」を通して、カリキュラムを充実させ、幼児期の教育・保育と小学校教育の連携・接続を図ります。

演習問題

① 幼稚園教育要領や保育所保育指針、幼保連携型認定こども園教育・保育要領が、カリキュラムを編成するうえで果たす役割とはなんでしょうか。
② 幼児期の教育・保育を行う施設として共有すべき事項は、なぜ必要なのでしょうか。

第3章 教育課程・全体的な計画と指導計画

　幼稚園・保育所・認定こども園では、行き当たりばったりで教育・保育が行われているわけではありません。一人ひとりの子どもの発達に合わせて乳幼児期にふさわしい生活が展開されるように、さまざまな計画をもとに教育・保育が展開されています。本章では、教育・保育実践の基盤となる教育課程と全体的な計画と、これらをもとに作成される具体的な指導計画について学びます。

① みなさんがこれまで学習や生活をしてきたなかでどのような計画を立てたことがあるのかを思い出し、その計画を立てることの意義について考えてみましょう。
② 各園ではさまざまな種類の計画を立てますが、なぜ一種類の計画ではなく多種類の計画を立てる必要があるのか、その理由を考えてみましょう。

🔒 **keywords**　　教育課程　全体的な計画　指導計画 🔑

1 教育課程・全体的な計画

＊1　教育課程や全体的な計画については、第1章（p.5～）を参照。

① 教育課程・全体的な計画とは

　教育課程と**全体的な計画**は、入園から修了までの子どもの育ちを見通し、各園の教育・保育の大まかな方向性を示したものであり、各園の教育・保育実践を展開していくうえでの基盤となります＊1。

　教育課程は、子どもの生活経験や発達の過程などを考慮して、教育・保育の具体的なねらいと内容を組織したものです。また、全体的な計画は、子どもの園生活全体をとらえて、さまざまな計画などを包括し、各園の教育・保育の全体像を示したものです。

　教育課程や全体的な計画は、後述するように、幼稚園教育要領や保育所保育指針等をふまえて編成する必要があります＊2。なかでも「育みたい資質・能力」＊3や「幼児期の終わりまでに育ってほしい姿」＊4を考慮することが重要になります。

CHECK！

＊2　幼稚園教育要領では教育課程を「編成する」とあり、保育所保育指針では全体的な計画を「作成する」とあります。本書では、両方を対象とするときは、「編成する」で統一します。

＊3　「知識及び技能の基礎」「思考力・判断力・表現力等の基礎」「学びに向かう力、人間性等」をいいます。詳しくは、第2章（p.19）を参照。

＊4　「幼児期の終わりまでに育ってほしい姿」について、第2章（p.20）を参照。

② 教育課程・全体的な計画を編成する意義

　教育課程や全体的な計画を編成する意義として、次の2つがあげられます。一つは、子どもの発達の長期的な見通しをもって、園全体で一貫性のある教育や保育を行うためです。保育は環境を通して行われます*5。子どもが主体的に環境にかかわり、その発達にふさわしい経験を積み重ねていくためには、保育者は乳幼児期の発達の特性と一人ひとりの実態に即した環境を構成する必要があります。そのためには、子どもの育ちや学びを長期的な視点でとらえ、計画的に環境を構成し、子どもにふさわしい教育・保育を展開することが求められます。教育課程や全体的な計画は、園全体で一貫性と計画性をもって教育・保育実践を行う基盤となり、これにより、園全体でその時々の子どもにふさわしい教育・保育を行うことができるのです。

　もう一つは、園の教育や保育の方針を家庭や地域と共有できるようにするためです。教育課程や全体的な計画を編成し、園の教育・保育の方向性を明確化しておくことで、保護者や地域の人に園の教育・保育の方針を説明しやすくなり、園の教育・保育への理解を深めてもらうことにつながります。

　したがって、教育課程や全体的な計画は、園長の責任のもと全職員が参画して編成していくことが重要になります。これに基づいて教育・保育を展開することによって、組織的に教育・保育の質の向上を図っていきます。

＊5　保育が環境を通して行われることについて、詳しくは、第1章（p.7）を参照。

③ 教育課程・全体的な計画の編成の手順

　では、教育課程や全体的な計画は、どのような手順で作成されるのでしょうか。幼稚園教育要領解説や保育所保育指針解説を参考に、教育課程と全体的な計画の具体的な作成の手順を示すと、次のようになります。

① 教育・保育の基本について職員間の共通理解を図る。

　教育課程や全体的な計画を編成するうえでは、まずは、教育・保育の基本について、職員間で**共通理解**を図っておく必要があります。具体的には、教育基本法や学校教育法、児童福祉法、子どもの権利条約、認定こども園法など、子どもや教育・保育に関係する法令があげられます。これに加えて、幼稚園教育要領、保育所保育指針、幼保連携型認定こども園教育・保育要領、およびこれらの解説を理解しておくことも重要です。教育課程や全体的な計画の編成においては、計画の具体的な内容を検討するうえで、これらをしっかり理解しておくことが必要になります。

> ②　乳幼児期の発達および子ども、家庭、地域の実態、園に対する社会の要請、保護者の
> 意向などを把握する。

　教育課程や全体的な計画の編成において、教育・保育の具体的なねらい・内容
を構成するためには、乳幼児期の発達の特性について理解を深めておくことが不
可欠です。また、子どもの生活や発達は家庭での過ごし方を含む家庭の状況や生
活条件・文化といった地域の環境に影響されるため、これらの実態と合わせて子
どもの生活や発達を把握することが必要になります。さらに、その時代に応じて
求められる園への社会の要請や、それぞれの保護者の園に対する願いを把握して
おくことも求められます。

> ③　各園の教育・保育の理念、目標、方針等について職員間の共通理解を図る。

　幼稚園や保育所等それぞれの施設の目的を達成するため、家庭や地域の実態、
子どもの姿をふまえて、教育・保育の方向性や目指す子ども像を明確にしていき
ます。また、それらをもとに、園の教育・保育理念、目標、方針などを決定し、
全職員で認識を共有しておきます。

> ④　子どもの発達過程を長期的に見通し、具体的なねらいと内容を構成する。

　入園から修了までの園生活全体を通して、子どもがどのように発達していくと
予想されるのか、どの時期にどのような生活が展開されるとよいのかなど、長期
的な発達の見通しを立てます。そして、それぞれの発達の時期にふさわしい具体
的なねらいと内容を考えていきます。

> ⑤　子どもの発達や心身の状態および家庭の状況に配慮して、ふさわしい生活の中で教育・
> 保育目標が達成されるようにする。

　教育課程や全体的な計画に基づき、教育・保育目標が達成されるよう、ねらい
や内容にしたがって教育・保育を実践します。その際、実際の子どもの発達や心
身の状態、家庭の状況、教育・保育時間の長短や在園期間の違いに配慮すること
が重要です。

> ⑥　教育課程や全体的な計画に基づく教育・保育の経過や結果について省察、評価し、課
> 題を明確化して、次の作成に生かす。

　教育課程や全体的な計画に基づいて実践した教育・保育に対して省察や評価を
行い、それを次の教育課程や全体的な計画の改善へと活かしていきます[6]。幼
稚園教育要領解説では、教育課程を改善するための手順として、①評価の資料を
収集し、検討すること、②整理した問題点を検討し、原因と背景を明らかにする

こと、③改善案をつくり実施すること、があげられています。実施した教育課程や全体的な計画を振り返り改善していくことを通して、園の教育・保育活動の質の向上を図っていくカリキュラム・マネジメント＊７が重要になります。

＊７　カリキュラム・マネジメントについては、第７章（p.74）を参照。

2　**幼稚園・保育所・認定こども園における教育課程・全体的な計画の編成**

① 幼稚園における教育課程・全体的な計画の編成

　幼稚園では**教育課程**が編成され、カリキュラムの中心的な役割を果たします＊８。

　幼稚園は、学校教育法第22条により「義務教育及びその後の教育の基礎を培うものとして、幼児を保育」することが目的であることが規定されています。そのため、幼稚園教育要領では、５領域（健康・人間関係・環境・言葉・表現）に示されるねらいを総合的に達成し、生きる力を育成することが求められています。

　したがって、教育課程は、「育みたい資質・能力」や「幼児期の終わりまでに育ってほしい姿」をふまえて、５領域をもとに、子どもの発達や生活にふさわしい具体的なねらいおよび内容が編成されます。教育課程のねらいおよび内容は「教育」が中心になりますが、「養護」がおろそかにされるわけではありません。

　また、幼稚園教育要領に「幼稚園教育が、小学校以降の生活や学習の基盤の育成につながることに配慮し、幼児期にふさわしい生活を通して、創造的な思考や主体的な生活態度などの基礎を培うようにする」とあるように＊９、教育課程を編成する際には、幼児期にふさわしい生活を基礎にしつつ、小学校教育との接続に配慮することが求められています。

　なお、幼稚園においては、教育課程に基づいて**全体的な計画**も作成されます＊10。全体的な計画は、下記のように幼稚園教育要領に示されているとおり、教育課程を中心として、教育課程に係る教育時間の終了後等に行う教育活動（預かり保育）の計画、学校保健計画、学校安全計画などと関連づけて作成されます。

＊８　幼稚園における教育課程については、第１章（p.5）を参照。

＊９　「幼稚園教育要領」第１章総則「第３教育課程の役割と編成等」「５　小学校教育との接続に当たっての留意事項」(1)より。

＊10　幼稚園における全体的な計画については、第１章（p.5）を参照。

第１章 総則　第３ 教育課程の役割と編成等　６ 全体的な計画の作成
　各幼稚園においては、教育課程を中心に、第３章に示す教育課程に係る教育時間の終了後等に行う教育活動の計画、学校保健計画、学校安全計画などとを関連させ、一体的に教育活動が展開されるよう全体的な計画を作成するものとする。

　教育課程を中心としつつ、その他のさまざまな計画と関連づけて全体的な計画を作成することは、一体的な教育活動を展開することにつながります。一体的な教育活動は、園全体の教育・保育の質を向上させるために重要になります。

表3-1　幼稚園における教育課程の例

園の教育目標	・主体的に生活する子ども　　　・友達と親しむ子ども　　　・豊かに表現する子ども	

3歳児

期	1 期	2 期
期の目標	幼稚園で安心して過ごす。	自分のしたいことをして遊ぶ。
ねらい	○気に入った遊具や場を見付けたり、好きなように動いたりして安心する。 ○保育者や周りの人に親しみをもち、安心して過ごす。	○保育者と一緒に体を動かしたり、いろいろなことをしたりして楽しいと感じる。
内容	・園に自分の好きな遊具があることや、したいことができるということを感じ、安心する。 ・自分のしてほしいことを保育者にしてもらったり保育者と一緒に過ごしたりして安心する。	・保育者や周りの子どもと手遊びをしたり踊ったりすることを楽しむ。 ・保育者と一緒に、踊ったり追いかけっこをしたりして戸外で喜んで体を動かして遊ぶ。

4歳児

期	4 期	5 期
期の目標	新しい学級や保育者に親しみをもち、安心して過ごす。	自分のしたい遊びをしたり友達と一緒に過ごしたりすることを楽しむ。
ねらい	○新しい環境の中で自分の思いをもって、安定して過ごす。 ○担任の保育者や新しい学級に親しみをもつ。	○保育者や友達と一緒であることを喜び、つながりを感じる。 ○自分でできることは自分でしようとしたり安全に生活したりする。
内容	・ひとつ大きい組になったことをうれしく思ったり、年少時の友達と気に入った遊具や場で遊んだりする。 ・保育者と気持ちよくあいさつを交わしたり、保育者と一緒に友だちに「おはよう」と言ったりする。	・友達と同じ物を持ったり同じように動いたりして "一緒" を嬉しいと感じる。 ・保育者に手伝ってもらいながらできたうれしさを感じ、自分でできることをしようとする。

5歳児

期	8 期	9 期
期の目標	進級したことを喜び、自分から進んで動こうとする。	自分の思いや考えを互いに出し合いながら、友達と一緒に遊びを進めようとする。
ねらい	○年長組になった喜びを味わい新しい環境に自分から関わっていこうとする。 ○興味のある遊びや場を見付けて、保育者や友達と一緒に遊ぶ楽しさを味わう。	○友達と思いやイメージを出し合いながら遊ぶ楽しさを味わう。 ○身近な環境に自分から関わり気付いたり試したり考えたりして遊びに取り入れようとする。
内容	・新しい場所、新しい学級になった喜びを感じながら、生活の流れや場の使い方を知り、安全に行動しようとする。 ・保育者や気の合う友達と新しい遊具や素材、面白そうな場を見付けて遊ぶ。	・友達と遊びながら、思いやイメージが重なったり広がったりしていく楽しさを感じる。 ・身近な自然の中で虫を見付けて自分なりの仕方で関わったり、世話をしたりして生態の不思議さに気付きもっと知ろうとする。

出典：名古屋市立第一幼稚園「Ⅰ　第一幼稚園 教育目標」「Ⅱ　第一幼稚園 期のねらい」「Ⅲ　第一幼稚園 教育課程」より一部抜粋（名古屋市）

・自然と触れ合い感動する子ども

	3 期
	自分のしたい遊びをするなかで、保育者や気に入った友達と関わって遊ぶ心地よさを味わう。
○自分の思い付いたことを言葉や行動で表し、受け止めてもらううれしさを味わう。	○保育者や友だちと触れ合って遊ぶ心地よさを感じる。 ○身近な出来事や周りの自然に心を動かし自分から関わって楽しむ。
・思いのままに気持ちを表し、保育者に受け止めてもらって安心する。	・保育者や友達と一緒にいる中で、自分の思ったことを言葉や行動で表しながら遊ぶ。 ・自然物に触れたり園外へ出掛けたりして、その季節ならではの自然に全身で触れて遊ぶ。

6 期	7 期
自分のしたい遊びを楽しみながら、保育者や友達と気持ちが触れ合ううれしさを味わう。	一人一人が自分の思いや考えをもって遊ぶ中で、友達と一緒に遊ぶ楽しさを感じる。
○自分の思いをいろいろな方法で表現しながら、気の合う友達と関わって遊ぶうれしさを感じる。 ○周りの様々なことや自然物に興味をもって関わっていこうとする。	○自分のしたいことを自分なりにできる喜びを味わう。 ○気の合う友達と思いを出し合って、一緒に遊びを進める楽しさを味わう。
・気の合う友達の動きや言葉に応じて同じように動いたり話したりして、イメージが重なっていくことを喜ぶ。 ・虫や落ち葉などの身近な自然物に親しんだり、季節の変化を感じたりする。	・自分なりに考え付いたことをやってみようとし、できたときには保育者と一緒に喜びを共感する。 ・相手の考えを取り入れて遊ぶと楽しいことに気付く。

10 期	11 期
友達のよさを互いに認めながら、自分の力を発揮して生活する楽しさを味わう。	友達と共通の目的に向かって取り組む中で、満足感や充実感を味わい自信をもって行動する。
○グループの友達と考えやイメージを出し合ったり、受け入れ合ったりして遊びを進める喜びを味わう。 ○家族と気持ちのつながりを感じたり様々な人に親しみをもったりする。	○自分なりの目的をもって取り組み、達成感を味わう。 ○学級の友達の気持ちやよさが分かり、心が通い合ううれしさを感じる。
・友達と共通の目的を見付け、考えを出し合って協力して遊びの場をつくったり、遊び方や役割を考えたりして遊ぶ。 ・家族や地域の人々と触れ合う中で自分が大切にされているうれしさを感じたり自分なりにできることをして喜んでもらううれしさを感じたりする。	・自分なりの課題に向かってじっくりと取り組んだり責任をもって自分の役割を果たそうとしたりする。 ・皆の中で自分の考えが取り上げられたり友達と考えが合ったりするうれしさを感じる。

② 保育所における全体的な計画の作成

＊11　保育所における全体的な計画については、第1章（p.6）を参照。

　保育所で作成されるのは、**全体的な計画**です＊11。保育所保育指針には、下記のように示されています。

第1章 総則　3 保育の計画及び評価　(1) 全体的な計画の作成
　ウ　全体的な計画は、保育所保育の全体像を包括的に示すものとし、これに基づく指導計画、保健計画、食育計画等を通じて、各保育所が創意工夫して保育できるよう、作成されなければならない。

　保育所は、児童福祉法第39条により「保育を必要とする乳児・幼児を日々保護者の下から通わせて保育を行うことを目的とする施設」であると規定されています。また、保育所保育指針には、「保育所は、その目的を達成するために、……保育所における環境を通して、養護及び教育を一体的に行うことを特性としている」とあります。保育所保育には、教育の側面のみならず、生命の保持および情緒の安定という、養護の役割を果たすことが求められます。

　したがって、全体的な計画は、「養護と教育が一体となった保育」を展開するために、養護にかかわる内容が組み込まれます。加えて、保健計画や食育計画、子育て支援計画など諸計画を含む包括的なものとなります。

＊12　3つの視点について、詳しくは、第8章（p.80）を参照。

　保育の具体的なねらい・内容は、5領域をもとに設定されますが、乳児についてはこの時期の発達の特徴をふまえ、「健やかに伸び伸びと育つ」「身近な人と気持ちが通じ合う」「身近のものと関わり感性が育つ」という**3つの視点**＊12に基づいて設定されます。乳児の保育のねらいと内容がこの3つの視点に基づいて設定されるのは、乳児期には発達が未分化な状況であるという特徴が見られ、5領域でとらえることがむずかしいからです。

　このほか、保育所では、子どもの家庭環境や生育歴、保育時間や保育期間も一人ひとり異なるため、子ども一人ひとりの育ちを取り巻く状況、保育時間や保育期間を考慮して全体的な計画を作成することが重要になります。

③ 認定こども園における全体的な計画の作成

　幼保連携型認定こども園では、**教育及び保育の内容並びに子育て支援等に関する全体的な計画**（以下、「"全体的な計画"」といいます）を作成する必要があります[13]。幼保連携型認定こども園教育・保育要領には、以下のように示されます。

> 第1章 総則　第2 教育及び保育の内容並びに子育て支援等に関する全体的な計画等
> (1) ……教育と保育を一体的に提供するため、創意工夫を生かし、園児の心身の発達と幼保連携型認定こども園、家庭及び地域の実態に即応した適切な教育及び保育の内容並びに子育ての支援等に関する全体的な計画を作成するものとする。

＊13　認定こども園における "全体的な計画" については、第1章（p.6）を参照。

　認定こども園は、認定こども園法第2条第7項で「義務教育及びその後の教育の基礎を培うものとしての満3歳以上の子どもに対する教育並びに保育を必要とする子どもに対する保育を一体的に行い、……保護者に対する子育ての支援を行うことを目的」とする施設であると規定されています。つまり、幼保連携型認定こども園は、幼稚園と保育所両方の機能をあわせもつ施設であり、かつ、保護者および地域の子育て支援を推進し、地域における乳幼児の教育や保育の中心的な役割を果たすことが求められています。

　幼稚園と保育所両方の機能をあわせもつ認定こども園には、0歳から小学校就学前までの子どもが在園しています。したがって、認定こども園の "全体的な計画" は、「育みたい資質・能力」や「幼児期の終わりまでに育ってほしい姿」をふまえつつ、5領域（乳児については3つの視点）に基づいて、具体的なねらいと内容が組織されます。また、認定こども園では、保育所と同様に、教育の側面のみならず養護の側面も重視されており、養護にかかわる内容も全体的な計画に組み込まれます。さらに、上記のとおり、認定こども園は保護者および地域の**子育て支援**において中心的な役割を果たすことが求められているため、"全体的な計画" は、子育て支援と関連づけて作成される必要があります。

　したがって、認定こども園の "全体的な計画" は、子どもの園生活全体をとらえ、入園から修了までの子どもの育ちを見通し、教育・保育にかかわる内容と子育て支援およびその他の計画などを有機的に関連づけて作成されます。なお、"全体的な計画" の評価や改善を通して教育・保育の質の向上を図るカリキュラム・マネジメントが求められることは、教育課程の場合と同じです。

表 3-2　認定こども園における全体的な計画の例

教育・保育方針	① 感性豊かに遊び、自ら考え行動できる「生きる力」の基礎を培う。 ② 愛情豊かな、やさしい人間を育む。 ③ たくましく、やさしく成長する力を育む。					
子どもの教育および保育目標		乳児	生理的欲求の充実を図り、心の安定を図る。	3 歳児	身近な仲間や自然等の環境と積極的にかかわり、意欲をもって活動する。	
		1 歳児	応答的なかかわりを通して、愛着関係を築いていく。	4 歳児	信頼感を深め、仲間とともに感情豊かな表現をする。	
		2 歳児	象徴機能や想像力を広げながら集団活動に参加する。	5 歳児	集団生活の中で自立的・意欲的に活動し、体験を積み重ねる。	

教育・保育の基本および目標	教育・保育において育みたい資質・能力	幼児期の終わりまでに育ってほしい姿
・生活を通して、生きる力を育成するように教育・保育の目標の達成に努める。	・教育・保育の基本を踏まえ、「知識及び技能の基礎」「思考力、判断力、表現力等の基礎」「学びに向かう力、人間性等」という資質・能力の 3 本の柱を一体的に育むよう努める。	・保育者が指導を行う際に考慮する。

教育・保育の基本と目標	①活動体験を十分に積み重ねる。②養護による自己発揮を考慮し、乳幼児期にふさわしい生活を展開する。

養護	年齢	0 歳児	1 歳児	2 歳児
	生命の保持	・基本的信頼感を育む。	・愛着関係を育む。	・適度な運動と休息を十分にとるようにする。
	情緒の安定	・情緒的なきずなの形成を図る。	・保育者との信頼関係が深まるようにする。	・自我の育ちを支える。

◎ねらい及び内容並びに配慮事項

教育・保育	3 つの視点	0 歳児保育	5 領域	1 歳児保育	2 歳児保育
	健やかに伸び伸びと育つ	・伸び伸びと体を動かし、はったり歩いたりする。	健康	・安定した睡眠をとる。 ・身のまわりのことに興味をもち、いろいろな遊びのなかで十分に体を動かす。	・一人ひとりの成長に合わせて、排泄する。 ・運動や指先の機能が発達するよう十分に動かす。
	身近な人と気持ちが通じ合う	・身近な人とともにいる喜びを感じる。	人間関係	・保育者や友だちに関心をもち、みずからかかわろうとする。	・自己主張を表出する。 ・友だちとのかかわりを広げる。
			環境	・自分の気持ちを言葉やしぐさで、伝える。	・身近なものへ興味や関心をもち、自然事象へ積極的にかかわる。
	身近なものと関わり感性が育つ	・身のまわりのものに興味や関心をもつ。	言葉	・保育者の語りかけから身近な言葉を覚える。	・保育者とのかかわりのなかから、言葉のやり取りの楽しさを味わう。
			表現	・興味をもった素材に触れて感触を楽しみ感性を働かせる。	・象徴機能を広げイメージを膨らませる。

健康支援	食育の推進	衛生・安全管理
・健康および発育発達状態の定期的な把握 ・健康診断（内科・歯科） ・年間の保健指導計画の作成	・栄養バランスを考えた自園給食の提供 ・食育活動の実施 ・炊き立て米飯の提供 ・菜園づくり ・給食参観	・施設内外の設備や用具等の清掃・消毒 ・安全管理・自主点検 ・子どもや職員の清潔保持 ・感染予防対策指針の作成と実施及び保護者との情報共有 ・インフルエンザ対応 ・安全教室

園の教育・保育目標	・やさしい子ども　・たくましい子ども ・きまりを守って仲良く遊ぶ子ども　・心やさしく思いやりのある子ども ・明るく元気な子ども　・よく見て、よく聞き、よく考える子ども
保育時間など	1号認定／9：00～14：00（一時預り14：00～17：00） 2・3号認定／基本保育時間　7：00～18：00　　延長保育時間　18：00～19：00
主な園行事	入園式／健康診断／歯科検診／保育参観日／プール開き／七夕／夏祭り／宿泊保育／運動会／ ハロウィン／遠足／音楽会／クリスマス会／もちつき／豆まき会／生活発表会／ひなまつり茶会／ お楽しみ遠足／終業式　など

小学校との接続	家庭との連携
・創造的な思考や主体的な生活態度の基礎を培う。 ・アプローチカリキュラムの改善を図る。 ・児童等との交流、教師の意見交換の機会を図る。	・子どもの生活全体を豊かにするために家庭との連携を密に図る。 ・園だよりや連絡帳による園の情報提供で互いの情報を共有する。 ・全体的な計画やホームページ、ドキュメンテーションにより保育の説明を丁寧に行う。

③遊びを通した指導を中心として5領域のねらいを達成する。④一人ひとりの発達の課題に即した指導を行う。

3 歳児	4 歳児	5 歳児
・健康的生活習慣の形成を図る。	・運動と休息のバランスをとるようにする。	・健康・安全への意識の向上を図る。
・主体性の育ちを支える。	・自己肯定感の確立を図り、他者を受け入れようとする気持ちを育む。	・心身の調和と安定により自信をもてるようにする。

◎ねらい及び内容並びに配慮事項

5 領域	3 歳児 教育・保育	4 歳児 教育・保育	5 歳児 教育・保育
健康	・意欲的に活動を行う。	・自分自身の健康に関心をもつ。 ・体全体の協応運動を行う。	・健康が増進する。 ・保育者の援助を得ながら、さらなる遊びに挑戦する。
人間関係	・道徳性が芽生える。 ・友だちと並行遊びをする。	・友だちと深いつながりをもつ。	・身近な人に親しみをもってかかわる。
環境	・身近なものに興味や関心をもち、環境へ積極的にかかわる。	・好奇心や探究心を育み、身のまわりの社会事象への関心を高める。	・社会や自然事象へのさらなる関心をひきだし、生活に取り入れ楽しむ。
言葉	・保育者や友だちとのかかわりのなかから、言葉の美しさや楽しさに気づく。 ・生活のなかでの必要な言葉を理解し使用する。	・保育者や友だちとのかかわりながら、伝える力や聞く力を獲得する。	・文字や数字の獲得により遊びを発展させる。
表現	・生活や遊びのなかで、自由に表現し感性を豊かにする。	・生活や遊びのなかで、豊かな感性をより表現できる。	・ダイナミックな表現ができる。 ・保育者や友だちと感動を共有する。

災害への備え	子育て支援
・避難訓練（火災、地震、不審者対応）の実施 ・消防署視察 ・消火訓練の実施 ・被災時における対応と備蓄	・有機的な連携を図りながら子どもの成長に気づき、子育ての喜びが感じられるよう、子育て支援に努める。 ・保護者に対する総合的な子育て支援を推進するとともに、地域における乳幼児期の教育・保育の中心的な役割を果たす。 ・地域社会の子育ての実践する力や継承につながるよう配慮する。

③ 指 導 計 画

① 指導計画を作成する意義

指導計画とは、教育課程や全体的な計画に基づき、教育・保育を実践する際の方向性をより具体的に示したものです。指導計画の内容には、ある時期における教育・保育のねらい、内容、環境（構成）、保育者の援助などが含まれます。

教育課程や全体的な計画に加えて、指導計画を作成する意義はどこにあるでしょうか。幼稚園教育要領や保育所保育指針には、次のような記述があります。

幼稚園教育要領

第1章 総則　第4 指導計画の作成と幼児理解に基づいた評価

　1　指導計画の考え方

　幼稚園においては……、幼児期にふさわしい生活が展開され、適切な指導が行われるよう、それぞれの幼稚園の教育課程に基づき、調和のとれた組織的、発展的な指導計画を作成し、幼児の活動に沿った柔軟な指導を行わなければならない。

保育所保育指針

第1章 総則　3 保育の計画及び評価　(2) 指導計画の作成

　ア　保育所は、全体的な計画に基づき、具体的な保育が適切に展開されるよう、子どもの生活や発達を見通した長期的な指導計画と、それに関連しながら、より具体的な子どもの日々の生活に即した短期的な指導計画を作成しなければならない。

教育課程と全体的な計画は、入園から修了までの子どもの育ちを見通し、各園の教育・保育の大まかな方向性を示したものです。しかし、目の前の子どもの活動は日々変化していきます。こうした子どもの活動に合わせて柔軟に指導していくために、教育課程や全体的な計画に基づき、より具体的な実践計画を作成することが不可欠となります。これが指導計画です。

指導計画をもとに目の前の子どもの姿からその育ちを見通し、適切な環境構成および援助を行うことで、子どもはそれぞれの発達の時期にふさわしい生活を展開することができるのです。

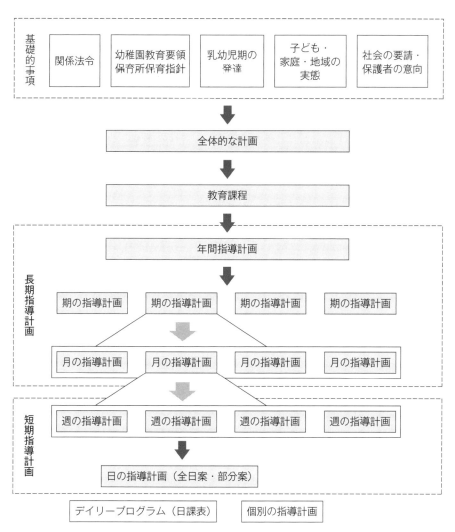

図 3-1　教育課程・全体的な計画と指導計画の関連性
出典：文部科学省『幼児の思いをつなぐ指導計画の作成と保育の展開』チャイルド本社　2021 年　pp.28-29 を参考に筆者作成

② 指導計画の種類

　指導計画には、**長期指導計画**と**短期指導計画**があります。このほか、デイリープログラム（日課表）、預かり保育や子育て支援計画、食育計画、学校安全計画、異年齢児保育計画など、さまざまな計画があります。また、3歳未満児や特別な配慮を必要とする子どもには、個別の指導計画を作成することが求められています[*14]。ここでは、長期指導計画と短期指導計画を中心に取り上げます。

1　長期指導計画

　長期指導計画は、年、期、月などを単位とし、より長期的に発達を見通して作成されるものです。長期指導計画には、年間指導計画や期（学期）の指導計画（期案）、月の指導計画（月案）があります。

　年間指導計画は、1年間の子どもの生活や発達を見通して作成され、期の指導計画（期案）は数か月ごとの子どもの生活や発達を見通して作成されます。また、月の指導計画（月案）は、年間指導計画をふまえたうえで、それを1か月ごとに具体化するかたちで作成されます。

　長期指導計画には、その時期における子どもの生活や発達を考慮しつつ、季節の変化にともなう周囲の環境の変化や行事なども組み込まれます（表3-3）。

2　短期指導計画

　短期指導計画は、長期の指導計画をもとに、1週間や1日を単位とし、より具体的な子どもの生活に即して作成されるものです。短期指導計画には、週の指導計画（週案）や日の指導計画（日案）などがあります。

　週の指導計画（週案）は、月の指導計画（月案）をもとに、1週間ごとに具体化され、日の指導計画（日案）は、週の指導計画（週案）をふまえて、1日の生活の流れを考慮して作成されます（表3-4）。日の指導計画（日案）には、丸1日の指導計画である全日案と1日の中のある活動の指導計画である部分保育指導案（部分案）があります。また、週の指導計画と日の指導計画を合わせた週日案が作成されることもあります。

　子どもの生活は今日から明日へとつながっているため、特に短期指導計画では、子どもの生活や遊びの連続性を重視して作成することが大切です。

表3-3　長期指導計画の例（期案：3歳児）

期	1 期（4月～7月）	2 期（8月～11月）	3 期（12月～3月）
期のねらい	幼稚園で安心して過ごす。	自分のしたいことをして遊ぶ。	自分のしたい遊びをするなかで、保育者や気に入った友達と関わって遊ぶ心地よさを味わう。
子どもの姿	○新しい環境の中で過ごすことに対し、うれしさや不安、緊張など様々な気持ちをいろいろな行動で表す。 ○目に付いたもの、聞こえたことに影響を受けて、思いのままに行動する。 ○家庭と園の場や雰囲気、生活の仕方の違いにより、不安や戸惑いが大きい。	○好きなことをしたり気に入った遊具で遊んだりする。 ○同じ場や同じ遊具で遊ぶことで、気に入った子どもに近寄っていったり微笑み合ったりする。 ○担任とのつながりを求めるようになる。	○自分なりの楽しいことを見付け繰り返し遊ぶ。 ○気になる友達と一緒に遊ぼうとする。 ○身の回りのことを自分でやってみようとする。
ねらい	○気に入った遊具や場を見付けたり、好きなように動いたりして安心する。 ○園生活の仕方が、なんとなくわかって安心する。	○自分の好きなものや気に入った場で、自分のしたいことを遊ぶ。 ○園生活の仕方が少しずつわかり、保育者と一緒に自分もしてみようとする。	○自分の思いを出し、したい遊びを楽しむ。 ○身の回りのことなど自分でできるうれしさを感じ、やってみようとする。
内容	・自分の気に入った遊具を手に取ったり、家庭で親しんだ遊具を見付けて遊んだりする。 ・自分から目に付いたものに触れたりつくったり並べたりして好きなように遊ぶ。 ・集まって身支度をすると家の人が迎えに来ることが分かり、安心して過ごす。	・気に入った遊具や場を見付けて遊んだり、自分のなりたいものになって遊んだりする。 ・かけっこ・ブランコ・すべり台などで喜んで体を動かす。 ・保育者のするのをまねて、一緒に手洗いやうがいをしようとする。	・思い付いたことや感じたことを話したり、面白い言葉をまねしたりして遊ぶ。 ・クレヨンや絵の具などで思いのままに描いたり紙などを切ったり貼ったりして表すことを楽しむ。 ・鼻をかむ、汚れた服を着替える、手を洗うなど自分の身を清潔にする気持ちよさが分かり、できることをしようとする。
環境構成	・保育室のコーナーにござやじゅうたんを敷き、家庭的な雰囲気をつくる。 ・遊具は小さめで持ちやすく、感触のよいぬいぐるみやミニカーなど、なじみのあるものを用意する。 ・すぐに遊び出せるように、遊具を出しておいたり、目に触れやすいように置いておいたりする。	・遊具のある場所を決めて置くようにして、自分の使いたい遊具がそこへ行けばあることが分かり、安心して使うことや片付けることができるようにする。 ・子どもが見立てたりなりきったりして遊ぶことが十分楽しめるよう、保育者も表情豊かに楽しんで遊ぶようにする。	・子どもが自分のしたいことを十分に楽しめるようにゆったりとした時間を確保しておく。 ・なりたいものになりきれることができるよう、スカートやレース・エプロン・お面ベルト・腕輪などを用意する。 ・自分でやろうとしている姿を認め、その子なりのペースでできるような時間を十分確保する。
保育者の援助	・保育者は一人一人の子どもが様々に表してくる行動の意味や思いを理解し、表れてくる様々な行動を温かく受け入れながら、心のつながりをしっかりとつくっていくようにする。 ・身の回りの始末は、手順を繰り返し知らせ、必要最小限のことから始め、保育者が時間をかけて援助し、一つ一つ身に付いていくようにする。	・その子なりに楽しんでいることが思い切りできるよう、保育者も一緒に面白さを感じて遊んだり場をつくったり必要なものを用意したりしていく。 ・遊びを見付けられない子どもには、保育者と一緒に活動する中で、したい遊びが見付かるよう手助けをしていく。	・それぞれの子どもが気に入った世界に浸りきって遊ぶようにするため、保育者もそのこだわりに付き合っていく。 ・子どもの思いに合ったものを用意したり一緒に探したりし、子どもの"実現したい"という思いが満足できるようにする。 ・自分でできることが増えてきて、時間がかかっても自分でしようとするので、一人一人のペースを大事にしながら、自分でできるうれしさを感じさせていく。

出典：名古屋市立第一幼稚園「Ⅳ　第一幼稚園　指導計画」より一部抜粋（名古屋市）

表3-4　短期指導計画の例（週案：5歳児）

週のねらい	自分なりの目的をもって取り組み、達成感を味わう。				
内容	① 保育者や友達と日本古来の正月遊びを楽しむ。 ② 目標をもって工夫したり繰り返したりして、できた喜びを味わう。 ③ 今までに親しんできた絵本や物語を自分たちで表現することを楽しむ。	活動例	○ 七並べやばば抜き、神経衰弱などのトランプ遊びやかるた取りをする。 ○ 順番にサイコロの数だけ駒を進めたり、盤に書いてある文字を読んだりして、すごろくをする。 ○ 羽根つきやけん玉、まりつきなどをして楽しむ。 ○ たこを作って、たこ揚げをする。 ○ 丁寧にひもを巻いて、こま回しに挑戦する。 ○ 大好きな絵本や物語の気に入った場面を自分たちなりに表現する。		

	7 日（月）	8 日（火）	9 日（水）	10 日（木）	11 日（金）
行事等	始業式 10時降園		たこ作り――――――――――――――――――――――――→ たこ揚げ―――――――――――――→		鏡開き――――→ （ぜんざい会食）

	〔省略〕
○活動例 ☆環境の構成 ◇保育者の援助	② 目標をもって工夫したり繰り返したりして、できた喜びを味わう。 ○ たこを作って、たこ揚げをする。 ☆ 友達同士で教え合って作れるように、A2サイズくらいの紙に、作り方をかいてホワイトボードに貼ったり見本のたこを置いたりする。 ☆ 状況に応じて、机だけでは足りなくなったら床にビニルシートを敷き、場を広くして作れるようにする。 ◇ ビニルをテープで貼るとき、保育者が手伝いながら「ここを押さえておくと貼りやすいね」とこつを言葉に出して知らせる。 ◇ 保育者が子どもに応じて知らせつつ、友達同士でも手伝い合えるように言葉を掛ける。 ☆ すぐに修理をしたり、尾の長さを変えて試したりできるよう、園庭にセロファン粘着テープなどの製作用具や材料をかごに入れて用意する。 ☆ たこ揚げに夢中になると、人や物にぶつかることもあるので、他学級と園庭を使う時間を調整して、できるだけ広い場所を確保する。 ☆ 近くの小学校の運動場を借りたり、公園のグランドに出掛けたりする機会をつくり、思い切り走ったり風を感じたりできるようにする。 ◇ 一緒に楽しみながら、自分のたこが揚がったうれしさを一人一人受け止める。 ◇ 揚げるときは周りの状況を見ながら走るように言葉を掛ける。 〔省略〕

出典：名古屋市教育委員会「名古屋市指導資料 環境の構成 アイデア・ポイント集～5歳児編～」[CD] 2019年より一部抜粋（名古屋市）

POINT

・ 教育課程は、子どもの生活経験や発達の過程などを考慮して、教育・保育の具体的なねらいと内容を組織したものです。
・ 全体的な計画は、子どもの園生活全体をとらえて、さまざまな計画などを包括し、園の教育・保育の全体像を示したものです。
・ 指導計画は、教育課程や全体的な計画に基づき、教育・保育を実践する際の方向性をより具体的に示したものです。

演習問題

① 自分が実践してみたい活動を一つあげ、その活動が表3-2に示されているどの年齢の、どの「ねらい及び内容並びに配慮事項」と結びつけることができそうかを考えましょう。
② 表3-3の長期指導計画（例）の「3期（12月～3月）」に示されているねらいや内容をふまえ、この期間に実践するとよい活動を一つ考えましょう。

第 II 編

指導計画の作成に向けて

本編では、実際に自分で指導計画を作成できることを目指して、その作成の手順やポイント、配慮事項を解説します。また、指導計画をよりよいものにしていくための記録や評価についても学びます。

第4章 指導計画作成のポイント—— 幼稚園・保育所・認定こども園

　教育課程や全体的な計画、指導計画の種類と役割は理解できましたか。しかし、いざ計画を作成しようとすると、どの計画に何を書けばよいのか迷います。何に重点を置いて作成すれば、指導計画の役割が発揮されるのでしょうか。本章では、一番身近である部分保育指導案の作成の手順と考え方を身につけ、自分で立案できることを目指します。

♪♪

① 誰でも保育の実践には不安があると思います。その不安はどこから来るのでしょうか。何がわかっていると、自信をもって保育を進められるでしょうか。
② 機械を組み立てるときの計画と保育の指導計画との違いを考えてみましょう。そのうえで、部分保育指導案を立てるときに、保育者が気をつけることをあげてみましょう。

🔒 **keywords**　　　保育の見通し　保育実践のための計画　子どもの実態　具体化

1　指導計画作成のポイント

　指導計画とは、教育課程や全体的な計画に基づいて指導の内容や方法を目の前の子どもに合わせて具体化した、**保育実践のための計画**（action plan）といえます。計画を立てる段階で、「今これを明らかにしておけば、子どもたちの成長のために安定して豊かな保育が進められる」と保育者が実感できるように、具体性をもって立案することが大切です。基本的に指導計画は次の手順で作成されます。

> 指導計画作成の手順
> ① **子どもの姿・実態**をとらえ、その姿をふまえて、どのように育ってほしいのかという保育者の願いをもつ。
> ② ①に応じた**ねらいと内容**を設定する。
> ③ 設定したねらいや内容に応じて、**環境を構成**する。
> ④ 環境にかかわって活動する**子どもの姿を予想**し、子どもが主体的に活動を展開できるように、**保育者の援助・配慮**を考える。
> ⑤ **評価・反省**をして次の計画につなげる[*1]。

*1　評価や反省については、第7章（p.70〜）を参照。

　指導計画の様式にはこれでなければならないというものはなく、各施設で工夫して作成しますが、ここでは、保育を進めるうえで最低限必要な項目を取り上げ、ポイントを示します。

40

① 長期指導計画の作成のポイント

　長期指導計画の役割は、保育の目標に向かってどのように保育していくかという具体的な**見通し**をもつことです。したがって、詳細な計画を立てることよりも、子どもがどのように成長していくかを読んでわかるようにすること、担当する子どもへのかかわり方の方針を明らかにすることに重点を置きます。

1　年間指導計画（期の指導計画）作成のポイント

　年間指導計画は、今までの実践によって累積された記録をもとに計画を作成します[2]。最初に、教育課程や全体的な計画にしたがって、年齢ごとに子どもの発達の節目によって年間をいくつかの期に分けます。各園において、子どもの様子に変化が現れる時期や行事を通した成長が著しくなる時期などを理解して期を分けることによって、1年かけて子どもがどのように発達していくか、おおよその見通しをもつことができます。その後、下記の手順に沿って作成します。

*2　記録について、詳しくは、第6章(p.62)を参照。

　① 期ごとに昨年度の子どもの姿を振り返り、教育課程や全体的な計画にある子どもの姿や昨年度の年間指導計画を、比較したり確認したりしながら、今年度の予想される子どもの姿を記します。

　② 期ごとに、保育の**ねらい**や**内容**を立案します。教育課程や全体的な計画で示されている保育方針や理念にしたがって、①で確認した予想される今年度の子どもの姿をもとに、昨年度の年間指導計画とも比較し、確認しながら検討します。

　③ 期ごとのねらいや内容に対応した環境構成、保育者の配慮および援助事項は、具体的にイメージできると子どもに応じた保育につながります[3]。しかし、1年の最初に立案しているわけですから、具体的にといっても限界があります。そこで、ここでは、この期にはどのような心づもりで環境を整え、子どもに接するのかという保育者の方針を示すと考えましょう。

2　月の指導計画（月案）作成のポイント

　年間指導計画をさらに詳細にすれば、月の指導計画（月案）ができるのでしょうか。そうではありません。まず、とらえるべきは、前月までの**子どもの実態**です。子どもの現在の発達、興味や関心をもとに、年間指導計画で設定したその期の保育のねらいに向けて、「今月の保育では何に重点を置くのか」を考えます。

　① 立案までの子どもの姿は、現在を点としてだけではなく、育ちのプロセスのなかでとらえるように気をつけます。

　② ねらいは子どもの姿をふまえて立案すると同時に、年間指導計画と照らし合わせ、保育の目標を確認します。また、1か月という長い期間の保育を見通すので、ねらいを達成するために複数のさまざまな内容を設定することが必要です。

🧢 **さらに詳しく**

*3　行事やその季節ならではの活動を、1年の見通しをもって計画のなかに位置づけておくことが大切です。行事は生活の節目となり、子どもの力を引き出すきっかけになります。また、子どもの生活に変化をもたらす季節や社会的な行事・活動を1年のどの時期に配置するかも計画し、子どもの年間の生活の流れができるようにします。

③ 内容の一つひとつに応じて、環境構成・保育者の配慮・援助はどのように
すればよいのかを考えていきます。月の指導計画（月案）の段階では、自然
発生的な遊びまでは予測できませんが、今までの記録の蓄積に基づいて、そ
の時期に子どもが楽しむであろう遊びや、その季節や子どもの発達にふさわ
しい活動は計画できるので、その環境構成も考えます[*4]。

② 短期指導計画の作成のポイント

指導計画は一つの仮説であって、実際に展開される生活に応じて常に改善され
るものです[1)]。したがって、短期の指導計画では、今、目の前で生活する子ども
の発達、興味や関心を探ったうえで、仮説（長期指導計画）を修正して立案し、
実践につなげます。

1　週の指導計画（週案）作成のポイント

週の指導計画（週案）は、子どもの生活を豊かに進めるために詳細な情報をま
とめる計画で、保育実践に不可欠です。直近の子どもの実態をとらえたうえで計
画を作成しますが、同時に月の指導計画（月案）と照らし合わせて、保育の目標
との整合性を図ることを忘れないようにしましょう。この作業を怠ると、これま
での実践の評価が活かされず、独りよがりな計画に陥ることがあります。また、
活動名とその準備だけの羅列にならないよう、「週の指導計画（週案）はあなた
の保育の基本姿勢の表れ」と思って作成しましょう。

① 子どもの姿が映像として思い浮かぶくらい**具体的**に書き表します。少しで
も子どもが変わってきたところ、保育を進めて困難を感じるところなども率
直に書き表します。

② 1〜2週間を見通したねらいや内容を設定します。あまり壮大なねらいを
設定しても実現しません。実践できる**子どもの実態**に合わせたねらいを熟考
しましょう。また、ねらいはその週だけでなく、翌週や翌々週へと続いてい
くことがあります。しかし、ねらいは同じでも、内容は子どもの変化ととも
に変わっていきます。

③ 環境構成は、遊びが発生し、継続することを願って、具体的な活動名や活
動場所、準備するものなどをあげてきめ細やかに表します。

④ 予想される子どもの活動は、**実践**に直結できるよう、具体的な活動名や活
動場所、遊びの様子や人間関係も取り上げます。保育者の言葉かけの要点、
配慮を必要とする子どもへのかかわり方、子どもの気づきを促す手立てなど
は、もう一度ねらいを確認しながら具体的な方策を練ります。

2　日の指導計画（日案）作成のポイント

日の指導計画（日案）は、生活の流れが組み立てられなければその日の保育実

践ができないので、子どもの１日の生活の流れ、生活のリズムに配慮して作成します。そのまま行動に移せるほどに**具体的**に書きます。ただし、念入りに計画したあまり、計画にしばられた実践に陥らないように気をつけましょう。活動自体は計画どおりに進まなくても、そこで起こる出来事に保育者がどんな思いでかかわるかという具体的なかかわりの方針が、あらかじめ日の指導計画（日案）を作成する段階で考えられていることが大切なのです。日の指導計画（日案）の作成を繰り返すことで、保育者は状況に合わせた保育の実践ができるようになっていきます。

③ 部分保育指導案の作成の手順

　日の指導計画（日案）の一部分である部分保育指導案（部分案）の作成方法を解説します（表４−１）。作成の手順だけを知識として取り込むのではなく、子どもの発達や実態に応じるための方法を身につけましょう。

1　子どもの姿・実態を把握し、記載する

　(a)　子どもの姿から、子どもの発達を感じ取る　　子どもの実態は、クラスの子どもの発達の理解と一人ひとりの発達の実情の理解の両面からとらえましょう。そして、現在の状態がどのようであるかを把握すると同時に、それまでの過程に注目して、子どもの発達を理解しようとすることが大切です。この行為がねらいの設定につながります。

　(b)　子どもの実態をとらえるときの視点　　表４−２のような視点をもって、子どもの様子を具体的にとらえてみましょう。そして、特にねらいにつながる姿を重点的に書き表します。

2　ねらいをたてる

　(a)　ねらいの表記の仕方　　ねらいとは、「育みたい資質・能力」を、子どもの生活する姿からとらえたものです[2]。「子どもにどのようなことを経験してほしいのか。どのように育ってほしいと願うのか」と考えるとわかりやすいでしょう。保育者が願うことを、子どもを主語として「子どもがこのような姿になっていく」という文章スタイルで表します。子どもを主語とした文章で表すのは、「ねらい」が子どもの育つ方向性を示したものであり、「子ども主体のねらい」であるべきだからです。「こんなふうになってほしい」と願うあまり、保育者の願いや思いが子どもの実態と逸脱したり、「〜ができること」が目標になってしまったりしては、子ども主体の保育とはいえません。子どもの心情・意欲・態度の育ちを願って、ねらいを立てましょう。

　ここでは、一例として、５歳児が空き箱で動く車をつくる活動において、心情・意欲・態度の育ちに注目するとどのようなねらいになるのか、図４−１で示します。

表4-1　部分保育指導案の作成方法

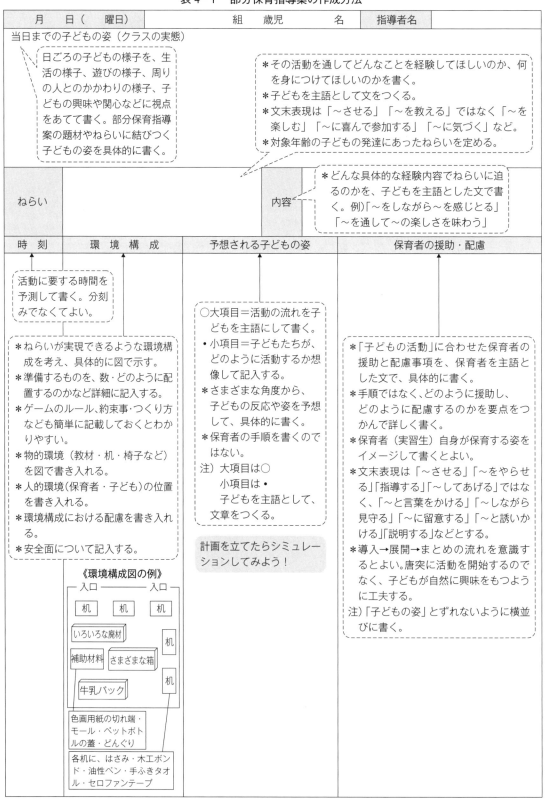

表4-2　子どもの実態をとらえるときの視点

視点	子どもの様子
遊びや活動の様子と取り組む態度	・子どもの興味や関心 ・楽しんでいる遊びや活動 ・遊びや活動の楽しんでいるところ ・遊び方の変化 ・子どもの求めていること
生活する様子と取り組む態度	・生活する様子の変化 ・困っていること、乗り越えようとしていること ・身についてきたこと ・家庭からの情報
周りの人との人間関係	・保育者、友だちとのかかわりの様子 ・クラス集団の雰囲気や変化 ・個々の人間関係。仲間関係の変化 ・グループやクラス内での力関係やその変化 ・トラブルやその解決の様子 ・保育者へのかかわり方 ・信頼関係や子どもの要求とその変化
身近な自然やまわりの環境にかかわる子どもの様子	・季節の変化に伴う遊びの様子 ・身近な動植物にかかわる子どもの様子 ・身近な社会での体験による影響
行事にかかわる子どもの様子	・季節の行事・伝統行事にかかわる子どもの様子 ・園内行事（運動会・発表会など）への取り組みと子どもの変化
特別な配慮を要する子どもの様子	・特別な配慮を要する子どもの様子や変化 ・特別な配慮を要する子どもと周りの子どもとの関係

（例）　5歳児　空き箱で動く車をつくる

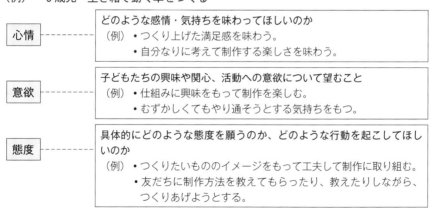

心情	どのような感情・気持ちを味わってほしいのか （例）・つくり上げた満足感を味わう。 　　　・自分なりに考えて制作する楽しさを味わう。
意欲	子どもたちの興味や関心、活動への意欲について望むこと （例）・仕組みに興味をもって制作を楽しむ。 　　　・むずかしくてもやり通そうとする気持ちをもつ。
態度	具体的にどのような態度を願うのか、どのような行動を起こしてほしいのか （例）・つくりたいもののイメージをもって工夫して制作に取り組む。 　　　・友だちに制作方法を教えてもらったり、教えたりしながら、つくりあげようとする。

図4-1　心情・意欲・態度の視点をもってねらいを考える

（b）　ねらいの設定における注意点　　部分保育指導案は、指導計画のなかで最も具体的な計画ですが、あまりに狭義のねらいでは、実践段階で子どもを**保育者の意図**に近づけようとする意識が働いてしまいます。たとえば、「なわ跳びが10回以上跳べるように努力する」というねらいを立てたとしましょう。10回跳べることが子どもの育ちに大切なのでしょうか。10回跳べなくても跳びたいという気持ちをもって参加することが大切なのでしょうか。なわ跳びに限らず、「自分なりに目標をもって活動に参加する」ことが、子どもに願うことなのではないかと考えます。反対に、ねらいが壮大すぎて、視点がぼやけてしまうこともありますので、**子どもの実態**に即したねらいの立案を心がけていきましょう。

　保育所や認定こども園では、教育に視点をあてたねらいと養護に視点をあてたねらいの2つを設定します。養護とは、子どもの生命の保持と情緒の安定のために保育士等が行う活動なので[3]、養護に視点をあてたねらいは、保育者を主語とした文章スタイルで、保育者が実行するねらいを立案します。

3　「内容」を考える

　内容とは、ねらいを達成するために、保育者が指導することを（子どもの姿として）具体的に示したものであり、同時に、子どもが環境にかかわって経験することです[4]。つまり、「どのような具体的な経験・活動をすれば、ねらいに迫っていけるのか」を示したものと考えると理解しやすいです。

　ねらいに向けて子どもが体験するとよいことを具体的に設定するのですが、単に活動名を示すのが「内容」ではなく、その活動のなかで、どのような経験をするとねらいに結びつくのかを示します。たとえば、セロファンを使った影絵遊びを楽しんでいる子どもに次のねらいをもった場合は、表4-3のようになります。

表4-3　ねらいに結びつく経験内容を考える（5歳児・影絵遊び）

ねらい		不思議さや、美しさを感じながら遊ぶ。
内容	×	・影絵遊びをする→活動名のみになってしまっています。
	○	・映り方や色の重なりを試しながら、影絵のペープサートをつくる。 →経験すべきことが表されています。

4　「環境構成」を考える

　表4-1の「環境構成」を見てみましょう。環境構成は、子どもがみずから興味や関心をもって環境にかかわることができるように工夫し、それをわかりやすく図などを用いながら示します。

①　ねらいや活動にふさわしい環境の構成を考え、環境構成図を書きます。

　　・環境構成図は、活動場所の全体図をわかりやすく書きます。また、目印

になる遊具や設備なども入れます。

・使用する遊具、設備、家具などの配置を書きます。

・活動の進行に応じて環境を再構成する場合は、方法や配慮、再構成された環境構成図を書きます。

・環境構成図には、必要に応じて子どもの位置や保育者の位置を示します。

② 準備物を書きます。

・必要な用具、材料、遊具などは、その数や配置の仕方まで詳細に示します。

・特に制作活動では、どのような見本を用意しておくのか、準備物はどのような状態にしておくのか、でき上がりはどのようなものかなど、具体的に示し、必要ならば絵・図で表します。

③ 環境構成にあたって、保育者の心づもりや気をつけるべきことを書きます。

・なぜそのように物を配置するのか、ねらいに応じた配慮を書き入れます。

・安全面や子どもが活動しやすい場の設定についての配慮を書きます。

5　「予想される子どもの姿」を考える

子どもはきっとこのようにするだろうとさまざまに予想できていれば、子どもが表す姿に臨機応変に対応する心構えができます。また、保育者の具体的な援助方法についても考えやすくなりますので、詳細に書きましょう（表4-1）。

① 子どもを主語とした文章を書きます。

② 活動の大まかな流れを予想し、○印をつけた大項目を時系列で書きます。

③ 大まかな流れの大項目（○）ごとに、子どもがとるであろう行動や姿をできるだけ詳細に予想し、「・」印の小項目として書き入れます。

6　「保育者の援助・配慮」を考える

ねらいにつながる体験が積み重ねられるよう、保育者の行動の仕方・言葉のかけ方・表情・醸し出す雰囲気などを具体的に考えて、実際にイメージできるように文章で表現することが必要です。そのためには、子どもの表す姿や子どもの思いを受け止めるという基本を常に忘れないようにしましょう（表4-1）。

① 保育者を主語とした文章を書きます。

② 保育者の意図を含んで、具体的な援助の仕方を示します。

・保育者の話すことや行動手順を台本のようにすべて書くのではなく、保育者の行動の意図を簡潔に書き表します。

・活動をスムーズに進めるための指示や保育者の都合によるかかわりではなく、子どもが主体的に行動を起こすための援助であることを意識して表現します（表4-4の表現の例を参照）。

・ねらいや内容に応じた援助や配慮であるか、常に念頭に置いて考えます。

表4-4　「保育者の援助・配慮」の表現の例

望ましくない表現	望ましい表現
「～させる」	「～するように誘いかける」 「～への関心が高まるよう～する」
「～してあげる」	「～の部分を補助する」 「保育者と一緒に～する」
「～してくれるように～する」	「～への意欲が高まるよう～と言葉をかける」

③　保育者自身が気をつけてかかわる心づもりを書きます。

次に示す「保育者の援助・配慮」を、△と○の表し方で比較してみましょう（表4-5）。表面的な保育者の行動ではなく、その意図を簡潔に書き表して、実際に子どもにかかわる姿がイメージできるのはどちらでしょうか。

表4-5　比べてみよう――「保育者の援助・配慮」の書き方

予想される子どもの姿	△保育者の援助・配慮	○保育者の援助・配慮
○折り紙を貼って制作する。 ・のり、サインペンを用意する。 ・海のなかの様子を自分なりに考えながら描く。 ・なかなか描き始めない子がいる。	・「端っこまでのりをつけてね」と話す。 ・上手に描いていることをほめる。 ・うまく描けない子には、保育者がそばについて励ます。	・折り紙がはがれないようにするにはどのようにのりづけすればよいのか、子どもに問いかける。 ・どんどんイメージを膨らませて描き進めていく子には、画面を見ながらその発想を認めていく。 ・描きたいのに形がうまくとれない子どもには、図鑑を見せたり、保育者が別の紙に形のヒントを描いて見せたりして、あきらめてしまわないように支える。

2　幼稚園・保育所・認定こども園における指導計画作成のポイント

保育を行う3施設（幼稚園・保育所・認定こども園）の教育・保育内容には整合性があり、保育内容において大きな違いはありません。したがって、3歳以上児の指導計画の基本は、3施設ともに共通です。しかし、各施設の果たす役割や通っている子どもの年齢、保育時間などによって、それぞれに配慮すべき点があります。指導計画の作成においてもそれらを明記して、保育者間で共通理解することが大切です。

① 幼稚園の指導計画作成で配慮すること

　幼稚園では預かり保育が一般的になってきました。また、満3歳で年度の途中に入園する子どもが増えています。幼稚園教育要領では、教育課程に係る教育時間後に行う教育活動（預かり保育）の計画を含んだ全体的な計画を作成することとしています[*5]。

　長期指導計画においても預かり保育における配慮を加えると同時に、預かり保育時間の独自のプログラムを作成することで、一人ひとりを大切にした保育を心がけます。また、満3歳児クラスは、月齢差や個人差が大きいため、年少組よりもいっそうきめ細やかに一人ひとりの発達に応じて保育を行う必要があります。したがって、**個別の配慮**を加えた短期指導計画を作成することが必要です。

*5　幼稚園における全体的な計画については、第1章（p.5）や第3章（p.27）を参照。

② 保育所の指導計画作成で配慮すること

　幅広い年齢の子どもが、家庭よりも長い時間を過ごすのが保育所です。教育的な内容と同じく、子どもの「生命の保持」「情緒の安定」を図る養護の内容に十分に配慮することが大切です。そのため、それぞれの指導計画のねらいには、**教育と養護のねらい**を併記します。そして、いきいきと活動できる環境と同時に、安全で温かく、くつろぎのある生活の環境をつくるための配慮を書くようにします。心身ともに安定した生活への配慮をまとめた年齢ごとのデイリープログラム（日課表）[*6]も作成します（表4-6）。

　また、乳児や1歳以上3歳未満児は、一人ひとりの育ちを把握して、発達を支えるための個別の月の指導計画（月案）・週の指導計画（週案）を作成します。そして、24時間のサイクルのなかで保育を考えるため、家庭での様子も考慮して指導計画を作成するようにします。

 用語解説

*6　デイリープログラム（日課表）
　デイリープログラムとは、1日の保育のタイムテーブルとそれに応じた保育者の配慮事項を一覧にしたもので、日の指導計画（日案）とは別の目的をもっています。デイリープログラムの作成により、保育者が1日の生活リズムと丁寧な生活の援助を意識でき、見通しをもった保育につながります。

③ 認定こども園の指導計画作成で配慮すること

　認定こども園では、集団保育の経験、保育時間、休暇期間などの異なる子どもが一緒に生活します。それぞれの子どもの1日の**生活リズム**が異なることによって、どのような配慮が必要となるでしょうか。体力や集中力を必要とする活動をどの時間帯に行うのか、長時間保育の子どもの疲労をどのように解消するのか、降園時刻の違いによる子どもの心理状態にどのように配慮するのかといった違いに対応して、一人ひとりの子どもの保育を大切に行うための配慮が必要となります。

　長期指導計画では生活リズムの違いによる子どもの姿を丁寧に予想し、短期指導計画では、時間帯や状況に応じた保育形態・保育場所・保育者の交替までを詳細に計画し、全職員で計画を共有する体制をつくることが大切です。

表4－6　デイリープログラムの例（3歳以上児）

時刻	子どもの活動	保育者の援助・配慮事項・環境構成
7：30	◎早期保育の子どもが 　順次登園する。	・一人ひとりを温かく迎え入れ、安心した気持ちで 　1日をスタートできるようにする。
8：30	◎通常保育の子どもが 　順次登園する。 ・保育者と挨拶する。	・一人ひとりと視線を合わせ、体に触れながら健康 　状態を観察する。 ・保護者からの連絡事項を聞く。
	◎好きな遊びを見つけて遊ぶ。 　（砂場　ボール 　固定遊具　ブロック 　ままごとをするなど）	・遊具などに危険がないか、砂場など素足で歩くと 　ころに危険物がないかなど安全を確認しておく。 ・その時期の子どもの興味や関心に遊じて、環境を 　構成しておく。
10：00	◎朝の会に参加する。 ・みんなで挨拶をする。 ・朝の歌を歌う。	・「今日もみんなが元気に登園できてうれしい」と 　いう気持ちを込めて挨拶をする。 ・季節感の感じられる歌を年齢に応じて取り入れる。
10：15	◎主活動を行う。 　（絵画制作活動 　リズム遊び　運動遊び 　園外保育　砂や水など 　素材に触れて遊ぶなど）	・子どもがどんなことに楽しさを見出し、工夫しな 　がら取り組んでいるのか、どんな困難にぶつかっ 　ているのかを把握し、それに応じたかかわりをす 　る。 ・保育者もともに活動し、子どもの思いに共感する。 ・楽しく意欲的に活動できることを願い、用具や遊 　具の使い方を丁寧に知らせていく。 ・子どもの言葉に耳を傾け、その思いをくみ取る。
	◎片づけをする。 ◎排泄をする。	
12：00	◎給食を食べる。 ・手洗い、うがいをする。 ・当番活動をする。 ・配膳を待つ。 ・「いただきます」をする。 ・給食を食べる。	・人の役に立つ喜びが感じられるよう、当番の子ど 　もに感謝の言葉を伝える。 ・献立や栄養について話題にし、喜んでおいしくい 　ただけるようにする。 ・個々に応じて食べる量を盛りつけ、完食した喜び 　が感じられるようにする。また、少しずつ苦手な 　食べ物が克服できるよう励ます。 ・保育者や友だちと話したりして、楽しく食事がす 　すめられるようにする。
	・「ごちそうさま」をする。 ・後片づけをする。 ・歯磨きをする。	・おおよその食事の時間を決めて「ごちそうさま」 　をする。 ・歯磨きの仕方を確認し、丁寧に磨くよう励ます。 ・子どものできる手伝いを任せ、感謝される喜びが 　感じられるようにする。
（夏期の場合） 13：00	◎昼寝をする。 ・排泄する。 ・布団を敷く。 ・絵本を読んでもらう。	・静かに入眠できる環境と雰囲気をつくる。 ・昼寝前には絵本を読むなど気持ちを落ち着かせる。 ・騒いでいる子には体を休める大切さを知らせ、眠 　れない場合は静かに絵本を読むように配慮する。 ・扇風機の風量・室温調節・換気などに十分配慮する。 ・睡眠中は定期的に見回り、子どもの体調に気をつ 　ける。 ・やさしく声をかけ、機嫌よく起きられるようにする。

時刻	子どもの活動	保育者の援助・配慮事項・環境構成
14：30	・起床する。 ・布団を片づける。 ・排泄する。	・布団の出し入れを手伝ってもらい、自分の生活に必要なことを自分で行う満足感が味わえるようにする。
（夏期以外の場合） 13：30	◎午後の活動を行う。 ・戸外でさまざまな遊びをする。 ・室内で好きな遊びをする。 （絵画制作活動 集団ゲーム 文字・言葉遊びなど） ・水分補給をする。 ◎片づけをする。 ◎排泄・手洗い、うがいをする。	・子どもの本音が出やすくなる時間帯である。けんかも起きやすいので友だちとかかわる様子に目を向ける。 ・午後の活動時間は長いので、その日の状況に応じて活動を切り替えたり、活動場所を切り替えたりして、生活の流れにメリハリをつける工夫をする。 ・気候のよいときは戸外で十分体を動かす時間をつくるよう心がける。
15：00	◎おやつを食べる。 ・おやつの準備をする。	・年齢や時期に応じて、子ども自身でおやつを選んだり、数を数えて分けたりする機会をつくる。
15：15	・おやつを食べる。 ・おやつの片づけをする。	・楽しい雰囲気でおやつを食べられるようにする。
15：50 頃 ～	◎身支度をする。 ・持ち物を整える。 ◎帰りの会をする。 ・歌を歌う。 ・明日の活動の話を聞く。	・衣服の乱れやケガ、発熱がないかなど、一人ひとりに目を配りながら確認していく。 ・今日どんなことをして遊んだのか思い起こしながら全員に語りかけるとともに、明日の園生活に期待がもてるように明日の活動について知らせる。
16：30 ～17：00	◎1号認定の預かり保育児は順次降園する。 ◎短時間保育児（2号認定児・短時間）は順次降園する。 ◎長時間保育児（2号認定児・標準時間）は室内で遊ぶ。 ・必要に応じて排泄、水分補給をする。 ・延長保育児はおやつを食べる。	・一人ひとりの体温や表情などを確認したうえで、子どもにも保護者にも挨拶をして降園させる。 ・忘れ物がないように確認する。 ・握手をしたり抱きしめたりしながら、明日も元気に登園しようという気持を高める。 ・家庭的な雰囲気のもと、ゆったりと過ごせるような環境を整える。 ・長時間保育担当者に引き継ぐときにはチェック表を用いて必ず人数確認をしてから引き継ぐ。 ・スキンシップを図ったり、ふれ合い遊びをして、保育者の愛情を感じながら楽しく過ごせるようにする。 ・人数が少なくなったら異年齢混合で保育を行う。 ・おやつは、保育者や友だちと一緒に和やかに談笑しながら、心とお腹を満たすようにする。
18：00 ～19：00	◎順次降園する。	・保護者にも温かい言葉をかけ、長時間保育での子どもの様子を簡単に伝えて送り出す。 ・子どもの健康状態を再確認してから、「さようなら」の挨拶をする。

POINT

・長期の指導計画は、1か月後や1年後の子どもの姿をイメージしたうえで、目の前の子どもにふさわしい具体的な保育の方法を多様に立案し、準備して実践につなげます。
・部分保育指導案は、そのとおりに子どもを動かす手順表ではありません。目の前の子どもが、進んで楽しく活動しながら育つ姿を願って作成します。
・指導計画は、子どもの心情を理解したうえで、一人ひとりの子どもの安定・安心を願って、それぞれの施設が独自性をもって工夫して計画を立てることが大切です。

演習問題

下記の表は、部分保育指導案の一部です。折り紙で魚を折って画用紙に貼り、思い思いに海のなかの様子を描く制作活動を示しています。
　① 子どもの姿からねらいAを考えてみましょう。
　② ねらいBをふまえて、内容Bを考えてください。答えは一つではありません。なぜそのように考えたのか話し合ってみましょう。

11月20日 水曜日	さくら組　5歳児　24名　（男児　12名・女児　12名）
子どもの姿 　制作活動の好きな子が多いクラスである。女児は折り紙に興味をもっている子が多く、好きな遊びの時間に、本を見ながらさまざまなものを折ろうとしている。男児はあまり興味がなく、折り紙を折る経験は少ない。角と角を合わせることのむずかしい子、言葉で説明しただけでは理解しづらい子が数人いる。 　秋の遠足で水族館に行ったことから、海の生き物の図鑑を見たり、大型積み木で潜水艦をつくってごっこ遊びを楽しんだりする姿が見られる。	ねらい A B・自分なりにイメージしたことを描き表す楽しさを味わう。 内容 A・教えたり教えられたりしながら丁寧に折り紙で魚をつくり上げる。 B

◎ 演習問題の部分保育指導案の全文は、巻末の解答（p.156～157）に掲載しています。
　指導計画の書き方の参考にしてください。

第5章 指導計画における特別な配慮を必要とする子どもへの支援

幼稚園教育要領や保育所保育指針、幼保連携型認定こども園教育・保育要領には、「特別な配慮を必要とする子ども」として、「障害のある子ども」や「外国につながりのある子ども*1」があげられています。本章では、そのなかでも、特に「発達障害のある子ども」と「気になる子ども」を取り上げ、子どもの「困りごと」や配慮をふまえた指導計画について学びます。

① 授業中、先生の話に集中できずに、歩き回ったりする子どもを見た経験はありませんか。
② ①のような子どもに対して、どのような支援や配慮を考えることが必要でしょうか。
③ 指導計画を作成するにあたっては、どのような配慮が必要になるでしょうか。

 keywords 発達障害のある子ども 気になる子ども 視覚支援 構造化

1 発達障害のある子どもの理解

発達障害は、「生まれつきみられる脳の働き方の違いにより、幼児のうちから行動面や情緒面に特徴がある状態」[1]をいいます。発達障害には、おもに、自閉スペクトラム症（ASD）、注意欠如・多動症（AD/HD）、限局性学習症（SLD）があり、ここではそれらの特性について学びます*2。

① 自閉スペクトラム症（ASD）

自閉スペクトラム症（ASD）の子どもは、コミュニケーションが苦手であったり、興味や活動に偏りがあり、こだわりが強かったり、同じ動きや話を繰り返したりするなどの特性があります。たとえば、お気に入りのミニカーのタイヤが回るのをずっと見ているなどの行動が周りからは極端に見えたり、日常生活に支障が出たりするような状態が長い間続いていることがあげられます。

これにより、偏見の目で見られたり孤立したり、話し相手や遊び相手がいなくなる状況になることもあります。しかし、「コミュニケーションが苦手」という特性は、「人とのつながりを求めていない」ということではありません。したがって、孤立する、話し相手がいないといった状況は、その子どもが望んでいる環境

 用語解説
＊1 外国につながりのある子ども
　海外から帰国した子どもや外国籍家庭、外国にルーツをもつ家庭、および日本語の習得に困難のある子どもをいいます。

 さらに詳しく
＊2 定義の解説は、米国精神医学会「DSM-5 精神疾患の分類と診断の手引」に基づいています。

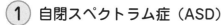

53

ではけっしてないといえるでしょう。

② 注意欠如・多動症（AD/HD）

　注意欠如・多動症（AD/HD）の子どもは、注意力が散漫になりがち、集中力が持続しない、気になるものごとに対して衝動的に行動してしまうなど、「不注意」「多動性」および「衝動性」に関する特性があります。

　理解する力が弱いからこのような行動をとるということではありません。子ども自身、「もっとがんばりたい」「我慢しないといけない」とわかっていても、自分ではコントロールがむずかしい、突発的にどうしても抑えきれない衝動にかられて行動しているととらえることができます。

③ 限局性学習症（SLD）

*3　鏡文字とは、たとえば「あ」「の」「ま」といった文字が、「あ」「の」「ま」のように左右が逆になることを指します。幼児の段階ではよく見られますが、書くことが苦手な限局性学習症の子どもは、この状態がさらに続くことになります。

　限局性学習症（SLD）の子どもは、「読む」「書く」「計算する」などの特定のことがうまくできないといった特性があります。ただし、限局性学習症は、小学校入学後に読み書きや計算などの学習活動に取り組むようになって、これらの「困りごと」が明らかとなり、診断につながることが多くあります。

　たとえば、国語の本読みで、一文字ずつは読めても、文章になると脳の認識がうまくいかず読めなくなることがあったり、文字がいわゆる「鏡文字」*3になってしまったり、算数では、数唱と具体物の数が合っていないなどがあげられます。

= Column ① =

氷山モデル

　氷山モデルとは、自閉スペクトラム症の子どものさまざまな行動を氷山に例えたものです。氷山の水面上を「問題行動」と見立て、水面下を「原因」と見立てています。つまり、表面に見えている「問題行動」のみを取り上げて解決を図ろうとするのではなく、表面には表れていない「原因」を探ることこそ大切であるというとらえ方です。

　これは、自閉スペクトラム症に限らず、ほかの発達障害にも同様に考えることができます。保育者が子どもとかかわるうえで大切なとらえ方です。

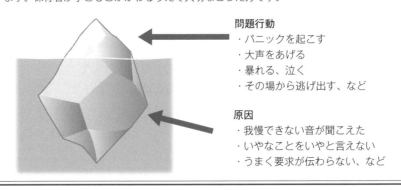

問題行動
・パニックを起こす
・大声をあげる
・暴れる、泣く
・その場から逃げ出す、など

原因
・我慢できない音が聞こえた
・いやなことをいやと言えない
・うまく要求が伝わらない、など

2　「気になる子ども」の理解

①　「気になる子ども」とは

「気になる子ども」とは、医師から障害があると診断を受けているわけではないが、幼稚園や保育所等で過ごしている様子を見ると、発達が少し気になる子どもをいいます。

2012（平成24）年、文部科学省により行われたアンケート調査では[2]、全国の公立小・中学校において「学習面又は行動面において著しい困難を示す児童生徒が6.5％程度在籍している」という結果となりました。40人学級であれば1クラスに2、3人となります。したがって、乳幼児期においても、幼稚園や保育所等に、「気になる子ども」が同じ割合で在籍していることがうかがわれます。

②　「気になる子ども」への対応

では、乳幼児期の「気になる子ども」に対して、保育者はどのように対応すればよいのでしょうか。

子ども一人ひとりの成長は個人差が大きいため、成長過程における経過観察を行うなかで、発達の遅れが気にならなくなっていく場合もあります[*4]。この点をふまえて、保育者は、子どもの日ごろの行動や活動内容の理解などに注意を払い、観察する必要があります。それぞれの年齢に応じた発達段階をふまえて、子どもの成長を見守ることが大切です。

覚えておこう

＊4　一般的に「気になる」こととしてよくあげられるのは、発語や歩行の遅れなどです。

=== Column ② ===

障害を早期に発見するには

市町村が実施する乳幼児健康診査は、母子保健法により1歳6か月児健康診査と3歳児健康診査の受診が定められています。市町村によっては、4か月児や10か月児、3歳6か月など、それぞれ健康診査（健診）を実施しています。

発達が気になる場合には、健診時に医師に相談することができます。なんらかの障害が発見された場合は医師から指摘を受けますが、その時点で障害があると断定できない場合は経過観察になります。このように、乳幼児期の段階で障害の疑いがあっても、医師の診断が確定するまでには至らないこともあります。小学校に入り、教室で本格的に学習に取り組み始めてから診断されるケースも多く見られます。

保護者にとっては、ほかの子どもと比べると、発達が遅いのではないかと心配になることもあるでしょう。保育者は、保護者の不安や悩み、あせりなど揺れ動く気持ちに寄り添うだけでなく、保健師や専門医、療育センター＊5などの関係機関と**連携**を図りながら、保護者を支えていくことが求められます。

また、保育者には、子どもの発達記録が将来の小学校や中学校につながり、教師などの関係者に引き継がれることを意識しながら、個別の指導計画を作成することが求められます。

3　指導計画における配慮

① 指導計画における配慮のポイント

では、指導計画を作成するにあたり、実際にどのような配慮を行う必要があるでしょうか。幼稚園教育要領には、障害のある子どもの保育に関して、下記のように示されています。

> 第1章　総則　第5　特別な配慮を必要とする幼児への指導
> 　1　障害のある幼児などへの指導
> 　障害のある幼児などへの指導に当たっては、……個々の幼児の障害の状態などに応じた指導内容や指導方法の工夫を組織的かつ計画的に行うものとする。また、……関係機関との連携を図り、長期的な視点で幼児への教育的支援を行うために、個別の教育支援計画を作成し活用することに努めるとともに、個々の幼児の実態を的確に把握し、個別の指導計画を作成し活用することに努めるものとする。

1　特別な配慮を必要とする子どもへの保育

特別な配慮を必要とする子どもの保育においては、子どもの障害の状態や特性および発達の程度などに応じて、発達を全体的に促していく必要があります。子ども一人ひとりの「困りごと」を理解し、その子どもに応じた配慮を行い、指導方法を工夫していきます。そのためには、保育者全員が障害や特性など子どもの「困りごと」を正しく理解したうえで、組織的に対応していくことが求められます。特別支援学校などに対し専門的な助言や援助を要請することも、その子どもに応じた保育を充実させるために重要です。

2　個別の教育支援計画と個別の指導計画

特別な配慮を必要とする子どもの保育においては、一人ひとりに対するきめ細やかな指導や支援を行うために、個別の教育支援計画や個別の指導計画の作成が求められています。

個別の教育支援計画は、長期的な視点で幼児期から学校卒業まで一貫した支援を行うためのもので、関係機関とも連携し、具体的な支援の内容や目標を検討し

ていきます。一方、**個別の指導計画**は、教育課程を具体化したもので、具体的な指導内容を明確にし、子ども一人ひとりに応じた保育内容とその配慮を示していきます。

　このような個別の計画は、園のすべての保育者の理解のもとに作成され、実施にあたっては、家庭での生活とも深くかかわるため、保護者との密接な連携のもとに行われることが重要になります。

② 個別の指導計画における配慮の示し方

　発達障害のある子どもや「気になる子ども」の様子について、保育者が日々の状態を観察する場合、友だちと一緒に仲よく遊べるときもあれば、予測がつきにくい行動をとることもあるでしょう。友だちの遊びを突発的に邪魔してトラブルを起こしたり、かんしゃくを起こして勝手に活動の場を離れたりするかもしれません。これは、子どもが活動の見通しをもてていなかったり、友だちとかかわる際の「お約束」が理解できていなかったりなどの要因が考えられます。そして、これらの行動は「問題行動」ととらえられがちです。

　このような行動が繰り返し見られる子どもの個別の指導計画を作成する場合、保育者自身、どのように計画を立てていけばよいのか、それ自体に戸惑い、悩むことになるかもしれません。そこで、日々の子どもの様子を観察し、記録しながら評価することによって、翌日以降のねらいや手立てを記していくと、指導計画が立てやすくなります。また、絵カードやタイムタイマー[6]などの視覚支援を、実際にどのような場面、どのようなタイミングで活用すればより効果的な支援や配慮となるのか、確認しながら指導計画を立てることが可能となります。

　日誌形式の指導計画には、日々変わりゆく子どもの様子に応じて、ねらいや手立てなどを柔軟に考え効果的な支援や配慮につなげやすい、書き進めやすい書式であるというメリットがあります。この指導計画を参照して、学期や年間の指導計画の調整を図ることもできます。

　表5-1は、個別の指導計画を日誌形式で紹介しています。活動の場を勝手に離れたりかんしゃくを起こしたりするA君に対して、その日ごとの観察記録をもとに、翌日または翌週以降のねらいや手立てを考えています[7]。

用語解説

＊6　タイムタイマー
　時計の見方がまだ理解できていない子どもでも、活動の残り時間が一目でわかるタイマーです。たとえば、トランポリンで遊ぶ時間を5分間に設定したい場合、タイムタイマーを「5」のメモリに設定すると、ひと目で残り時間が減っていくのがわかり、時間が来たらアラームが鳴ります。視覚で時間の認識ができる「視覚支援」の一つです（表7-1を参照）。

タイムタイマー

　覚えておこう

＊7　個別の指導計画における長期目標と短期目標の設定期間は、どのような活動に焦点を当てて取り組むのかによって多少の違いがあります。子どもの実態を見て、到達が可能と思われる、あるいは到達してほしい期間を設定します。表7-1では、長期目標を6か月、短期目標を1か月と設定しています。

表5-1　個別の指導計画の例（A君：4歳）

長期目標	○活動の見通しをもち、落ち着いて参加する。 ○「お約束」を守って、友だちと一緒に活動する。				
短期目標	○朝の会に、落ち着いて参加する。 ○「お約束」を守って、友だちと仲良く遊ぶ。				
観察日	5月17日（月）	5月18日（火）	5月19日（水）	5月20日（木）	5月21日（金）
ねらい	・自由遊びから朝の会にかけての移行が苦手なので、落ち着いて参加できる手立てを探る。	・気持ちの切り替えがむずかしいときの様子を観察し、原因を探る。 ・気持ちが友だちに伝わりにくいときやほめるとき、絵カードを活用してみる。	・声かけとともに絵カードを活用し、「お約束」を理解してもらう。 ・「お約束」が守れたときはほめ、定着を図る。	・自由遊びのとき、友だちとのかかわり方を見守る。 ・声かけとともに絵カードを提示し、「お約束」を確認する。	・気持ちや体力を発散する時間をつくる。 ・絵カードやタイムタイマーを活用して、活動の見通しと「お約束」の定着を図る。
様子・手立て 下線部が実際に行った手立て	・ブロックで遊んでいたが、友だちとブロックの取り合いになる。 →<u>仲よく遊ぶように、「貸してください」と一緒に声に出して友だちに伝える。</u> ・片づけの時間を伝えても遊びを続け、止めようとするとかんしゃくを起こし、大泣きする。 →<u>少し時間を置き（5分程度）、表情が落ち着いてから「次の活動は朝の会だよ」と、ゆっくりていねいに伝える。</u> ・今度は、気持ちを切り替えてすぐに片づけができた。	・ブロックで遊ぶ。友だちとのかかわりで思うようにならないと、かんしゃくを起こしてブロックを投げる。 →<u>絵カードを提示しながら「貸してください」と、一緒に声に出して友だちに伝える。</u> ・自由遊びから片づけに移っても、一人で遊びを続ける。 →<u>絵カードを提示しながら「片づけの時間だよ。次は朝の会です」と伝える。</u> ・この日はスムーズに片づけに移ることができた。 →<u>「A君、すごいね。片づけがちゃんとできてえらい！」と、みんなの前でほめる。</u> →<u>花丸の絵カードを提示してほめる。</u>	・ブロックで遊んだりウロウロしたり落ち着かない様子が見られた。 ・途中から友だちの遊びに割り込み、ブロックを勝手に取ってしまう。そのうちかんしゃくを起こして、ブロックを投げる。 →<u>絵カードを提示しながら「ごめんなさい」「貸してください」と、一緒に声に出して友だちに伝える。</u> ・最初は朝の会に参加できたが、途中から立ち上がり、ウロウロし始める。 →<u>「朝の会」と「お約束」の絵カードを見せながら「今は朝の会だよ。お席に戻ろうか」と伝える。</u> ・朝の会にいったん戻ったが、すぐにまた離席した。	・ブロックで遊んだり、絵本を見たりする。 ・友だちとのかかわりは少ないが、ブロック遊びに突然割り込み、友だちをびっくりさせることがある。 ・片づけは落ち着きがなく、ウロウロする様子が見られる。 ・朝の会はじっとしていられず途中から離席する。着席するようにいうと、かんしゃくを起こした。 →<u>気持ちを落ち着かせるため、別室に誘導する。A君の気持ちが落ち着くまで、一人の時間をつくる。</u> ※保育者はA君から目を離さず、見守る。	・20分くらいは落ち着いてブロックで遊ぶが、その後、ウロウロと落ち着かなくなる。 ・突然、友だちのブロックを取り上げ、トラブルになる。その後、かんしゃくを起こす。 →<u>別室に誘導する。保育者と追いかけっこをしてはしゃぐ。</u> ・トランポリンで遊ぶ。楽しそうな表情が見られる。 →<u>タイムタイマーをセットし、時間を5分と決める。</u> ・「お約束」の絵カードを提示して確認する。 →<u>タイムタイマーが鳴ったら「おしまい」の絵カードを提示して声かけをする。</u> ・朝の会に戻り、落ち着いた様子で参加できた。
次回の手立て	・かんしゃくを起こしてから少し時間を置いたことで、気持ちが落ち着いた。 ・次回も、A君の様子を見守りながら、落ち着いて参加できるための手立てを考えたい。	・ほめられたことで、A君がうれしそうな表情を見せ、気持ちも落ち着いていた。 ・次回も絵カードを組み合わせて片づけを伝える。 ・スムーズにできたら絵カードと合わせ、いっぱいほめたい。	・気持ちを落ち着かせようと絵カードを提示して「お約束」を確認するが、この日は無理だった。 ・あらためてA君の様子を観察し、落ち着くためにはどのような手だてが必要か探ってみたい。	・気持ちが落ち着かないとき、別室での対応が必要であることが分かった。発散するための手立てを考えたい。 ・絵カードに加え、タイムタイマーを用意して、活動の見通しと「お約束」を意識させたい。	・体を思い切り動かしたら気持ちの切り替えができ、朝の会に参加できるかもしれない。様子を見ながら、発散の機会を設定したい。 ・絵カードやタイムタイマーを使った「お約束」は理解したようだ。

評価	・友だちとのかかわり方がわからず、かんしゃくを起こすことで要求を通そうとする。絵カードなどの視覚支援を考える。 ・かんしゃくは表情や言動など様子を観察しながら、表情の変化や声をかけるタイミングなどを見極めていきたい。	・A君が騒いだとき絵カードを提示することで「貸してください」がスムーズにいえた。今後もこれにより、おもちゃの貸し借りの「お約束」を学ばせたい。 ・絵カードを提示しながらの声かけで、片づけの「お約束」が守れた。その場でほめることにより定着を図りたい。	・朝から落ち着かない様子のときは口頭の注意では効果がなく、気持ちの切り替えがむずかしい。 ・引き続きA君を観察し、友だちのかかわり方と合わせ、視覚支援を工夫する。 ・自由遊びから朝の会までの活動の見通しがもてるようになること、「お約束」が定着することを目指したい。	・日によって、A君の気持ちの変化が大きい。根気強い支援が必要となる。 ・具体的な支援として、絵カードに加えタイムタイマーを用意して、様子を見る。 ・かんしゃくの対応としてクールダウンの必要がある。合わせて、気持ちや体力を発散するための方法や配慮を探る必要がある。	・気持ちを発散することで途中から朝の会に参加できた。 ・絵カードやタイムタイマーを活用し活動の見通しをもたせ、「お約束」を確認したい。定着すれば、気持ちを落ち着けて、活動に参加することができるはずだ。 ・保護者と確認し合いながら、根気強く支援を続けたい。

4　保育の実施における配慮の方法

　実際に保育を行ううえで個別の指導計画を作成するにあたっては、特別な配慮を必要とする子どもが活動内容を理解してスムーズに行動するための配慮方法を、個別の指導計画のなかに具体的に記すことが重要です。これにより、保育者自身も必要な配慮を意識しながら保育を進めることができます。

　ここでは、保育現場での特別な配慮を要する子どもに対して、有効な配慮の手だてとして、**視覚支援**と**構造化**を取り上げます。両者においては、保育の活動内容や時間などのルールを意識するため、具体的な提示方法を考え、子どもが動きやすい構造（仕組み）をつくることがポイントとなります。

1　視　覚　支　援

　視覚支援とは、言葉で説明するだけでは理解しにくい子どもに対して、イラストや写真、絵カードなどを用いて伝えることをいいます。言葉の意味や活動内容、決まりや約束、気持ちや要求など、子どもに対してその場にふさわしい言動やスケジュールを伝えるための有効な支援となります。また、子ども自身が保育者や友だちとコミュニケーションするための手段にもなります[8]。

　視覚支援の例として、絵カードを紹介します（図5-1）。子ども自身がこの絵カードを使って、自分の要求や気持ちを表します。保育者や友だち、周りの人に自分の思っていることや困っていることを表す方法として有効です。

♬♪
🐌こぼれ話

*8　日常生活においては、スーパーでの売り場の表示やお手洗いのマークがありますが、これも視覚支援ととらえることができます。ふだんの生活で意識をしていなくても誰もが視覚支援を活用しているといえます。

うれしい

たのしい

こまる

おこる

やめて

かなしい

図 5 − 1　絵カード（例）

出典：ドロップレット・プロジェクト編『視覚支援で楽々コミュニケーション② 障害者の暮らしに役立つシンボル 1000』エンパワメント研究所　2017 年

　同時に、相手が思っていることをその子どもに知らせることにも活用できます。たとえば、「先生はB君ががんばっていて、うれしいです。みんなも楽しい気持ちだよ」と言いながら、楽しい表情の絵カードを見せます。あるいは、「B君がそんなことをしたら、みんな困っているよ」「みんな、かなしい気持ちだよ」と言って、悲しい表情の絵カードで周りの人たちの気持ちを伝えることもできます。

　また、周りの友だちにも、その子の困りごとを伝えて、一緒に考える手立てとして活用します。必要な配慮を行いながら、友だち同士で思いやりの心をもち、助け合えるように支援していきます。

事例：保育現場での絵カードによる配慮

　保育の現場でも、保育者の言葉かけだけでは活動を理解しづらい子どもに対して絵カードによる配慮が有効です。たとえば、朝の会の場面では、「立つ」「礼をする」「座る」ときに、言葉をかけるとともに、それぞれの動作の絵カードを示します。また、季節に応じて、登園後に「（上着を）脱ぐ」「（上着を）着る」場面でも、それぞれの絵カードを示すことで、子どもがするべき行動を示すことができます。

　このような支援は、日本語や活動の理解にむずかしさを感じている「外国につながりのある子ども」にとっても有効です。言葉をかけるとともに視覚的に示すことで子どもが理解しやすく、保育活動をスムーズに進めることができます。

写真 5 − 1　視覚支援を用いた朝の会の様子

写真 5 − 2　絵カードで確認

② 構　造　化

構造化とは、生活や学習におけるさまざまな活動場面で，視覚的にわかりやすい環境をつくることをいいます。たとえば、机や本棚、荷物の置き場やクールダウン*9のためのスペースなど、保育室の配置を子ども自身がわかりやすく活動しやすいように整えることや活動の優先順位をつけやすい配置にすること、保育者にとって確認しやすくミスが起こりにくい仕組みにすることを、保育室の構造化といいます。

たとえば、みなさんはスーパーやコンビニで、いつもほぼ同じ流れにそって買い物をしませんか。いつも買う商品はここにある、あの商品はだいたいこの辺りに置いているはずと、案内板や陳列の工夫によりおおよその検討がつきやすい構造になっているでしょう。これも、構造化の一つととらえることができます。

保育室や教室、共有スペースを構造化することは、特別な配慮を必要とする子どもが目で見て「動きやすい」「わかりやすい」ように、ものの配置を考えるということになります。このような構造化による配慮が、子どものスムーズな行動につながっていきます。

ここまで述べてきたように、特別な配慮を必要とする子どもに対して視覚支援や構造化などの配慮を行うことは、教育・保育において大切です。したがって、指導計画を作成するうえでも、意識してこれらを位置づけることが必要になります。子どもが活動しやすくなるだけでなく、保育者にとっても活動内容が確認しやすくなり、子どもの事故やケガを防ぐことにもつながります。子どもの実態に応じた配慮を行うとともに、子どもの「困りごと」を理解し、成長を促すために、個別の指導計画を活用していくことが求められます。

 用語解説

＊9　クールダウン
　クールダウンとは、子どもがイライラして興奮状態にあるとき、たとえば急に怒ったり泣いたりして感情がコントロールできない状態のときに、気持ちを落ち着かせたり鎮めたりすることをクールダウンといいます。

POINT

・特別な配慮を要する子どもの保育においては、個別の教育支援計画や個別の指導計画を作成し、組織的に対応する必要があります。
・実際に保育を実施するうえでの配慮として、視覚支援や構造化があります。

Q 演習問題

① 個別の指導計画を作成する際には、どのような支援や配慮が必要になるでしょうか。
② 視覚支援や構造化は、教育や保育の場で、ほかにどのように活用できるでしょうか。

■写真協力
・高知大学教育学部附属特別支援学校
・株式会社ドリームブロッサム　@ 2020 Time Timer LLC.

第6章 指導計画に活かすための記録と省察

　保育者が子どもの成長に願いをもち、適切な援助を行うためには、しっかりとその子を見つめて記録し、その記録から保育を振り返り、明日の保育の指導計画に活かしていくことが大切です。本章では、よりより保育を目指して指導計画を改善していくために、どのように保育を記録すればよいかについて学びます。

考えてみよう！

① 保育を記録することには、指導計画を作成するうえでどのような意味があるでしょうか。
② 記録のなかから次の指導計画につなげるために何を見つけていけばよいでしょうか。
③ 子どもの姿をどのように受け止め、理解すればよいでしょうか。

Keywords　ドキュメンテーション　ポートフォリオ　エピソード記録　省察

1　指導計画につながる保育記録の視点

1　保育を記録する視点

　日々の保育を記録することは、子どものとらえ方など保育の展開を見直し、自身の保育そのものをしっかりと見つめていくために必要なことです。**記録**を通して今日の保育を振り返ることによって、明日の保育の改善につなげていきます。
　指導計画の作成においても、記録をその改善に役立てていきます。指導計画の作成においては一人ひとりの子どもへのかかわりや援助を考えていくことが大切ですが、そのためには、保育者には今日の保育を記録する力とそれを**省察**[*1]する力が求められます。ここでは、下記の記録（事例）を通して、保育を記録するための視点を見ていきます。

 用語解説

＊1　省察
　自分自身をかえりみて、保育やその子への援助を考えることをいいます。

記録：ぼくのチューリップが……（4歳児）

　ある朝、ポロポロと涙を流して、チューリップの植木鉢の前でたたずむN児。自分の植えたチューリップの花がきれいに咲いたことがうれしく、毎朝の水やりを張り切っていましたが、花が終わり、茎だけになったことを悲しんでいました。そこで、「お花は終わってしまったけど、この茎が土の中で球根の赤ちゃ

んを育てているのよ」と声をかけました。すると、N 児の表情が明るくなり、「土の中で赤ちゃんが育っているの？」と聞き返してきました。「そうなの、お花が終わったけど、次の春に咲くチューリップの球根の赤ちゃんが準備をしているのよ」と伝えました。チューリップの花びらが散ってしまったことが悲しくてたまらなかった N 児の気持ちが次の命への期待へとつながっていきました。

① 子どもの気持ちを理解する（子ども理解）

子どもの気持ちや思いをとらえて記録していきます。子どもの感じていることや思っていることを、状況・言動・様子からを受け止めることが重要です。それらを受け止めて気持ちに寄り添うことが子どもの安心感や保育者との信頼関係につながっていきます。

② 客観的にとらえる

子どもの姿をとらえるためには、発達段階（運動面・精神面）や物事への理解度、友だちとの関係などを客観的に見極めていくことが必要です。「する」「しない」、「できた」「できない」ことに焦点をあてるのではなく、「なぜだろう」「どうしたいのか」「どんなふうに思っているのか」など、内面をしっかりと考えて記録していきます。

③ 子どもを取り巻く環境をとらえる

子どもを取り巻く環境との関係性を考えながら記録することを心がけます。子どもを取り巻くすべての環境が、子どもに大きな影響を与えます。それは、保育者、友だち、保護者などの「人」、遊具や素材などの「もの」、季節や天気などの「自然」、そして、さまざまなものから生まれる「雰囲気」などすべてが環境です。

④ 時間の流れとともにとらえる

昨日の子どもの姿から今日の様子はどうなのか、「過去」「現在」「未来」という時間の流れのなかで子どもの姿をとらえていきます。過去の経験が今の子どもの姿につながっていくため、その子の未来を見据えて、今、必要な援助は何かを考えます。子どもの成長を見通していくことが大切です。

⑤ 自分の視点をもつ

自分なりの視点をもって、日々の保育を記録することが重要です。子どもの様子や知りたいこと、目指す保育、子どもに対する願いなど、自分の保育を考えていくために記録していきます。

上記の事例では、チューリップの季節が過ぎて次の土づくりに移っていくとき、この記録から、子どもに命が続いていくことを気づかせるという指導計画につな

げていきました。このように、ある具体的な記録が次の保育のねらいや内容につながっていきます。

② 子どもへのまなざし

　教育・保育は環境を通して行われますが、そのなかでも、保育者は大きな人的環境にあたります。そのため、保育者は、子どもにとって安心できる人でなければなりません。子どものよさをしっかりと受け止め、常に温かいまなざしで子どもの姿をとらえていくことが求められます。これにより、保育者は言葉かけや援助を通して、子どもの気持ちを育む保育を展開していくことができるのです。

　このように、保育者が子どもに寄り添った保育を行うためにも、保育を記録し、そこから子どもの内面に迫り、それをさらに指導計画に活かしていくことが求められるのです。

2　保育のさまざまな記録

① ドキュメンテーション

　ドキュメンテーションとは、イタリアのレッジョ・エミリア市から発祥した教育方法の一つです[1]。子どもの活動を写真や動画、音声、文字などで視覚的にとらえて記しながら、主体性や発想を共有していきます。具体的な子どもの思考や探究活動をみずから振り返り、次の活動への意欲につながることを期待しています。

　ドキュメンテーションを通して「**保育の見える化**」を行うことによって、保育者・保護者・子どもの三者が活動を振り返り、成長過程を共有することができます。また、保育内容の計画や実践を確認し、保育の課題を明確にできるため、指導計画の改善や保育の質の向上につなげることもできます。

　ここでは、ドキュメンテーションを行う方法のポイントを述べていきます。

1　保育の記録をとる

　日々の保育のなかで、保育者の心が動いた場面を写真やメモにとります。写真の子どもの姿（言葉や行動）を保育者の視点からとらえ、遊びの展開や次への発展の予想を記録します。言葉だけでは伝えにくい遊びの姿や遊びに向かう様子なども詳細に記録され、保育を振り返りやすくなります。

　(a)　写真を撮るポイント

　　① 子どもが興味や関心をもち、意欲的に活動している瞬間

　　② 子どもがさまざまに工夫して試し、自分なりの目的に向かっている様子

③　その子の思いや願いが表われている場面

（b）　写真の選び方のポイント

①　保育において、子どもの姿や思い、活動がわかるものを選びます。

②　写真から子どもの様子をよりわかりやすく伝えるためにコメント*2を添えます*3。

2　記録を共有する

（a）　制作物を掲示する　　活動の様子を壁に貼ったり、子どもの制作物を掲示したりすることも「保育の見える化」の方法の一つです。子どもが制作したものを掲示するときは、作成した日付や作成時の様子のコメントを入れることで、より具体的な記録となります。子どもが自由に見られるようにすると、自分が取り組んだことを思い出し、自信につながったり、友だちが何をしていたかを知ると自分の次の活動に活かそうとしたり、さまざまな効果が広がります。

（b）　学びのプロセスの記録として作成する　　上記の記録を積み重ねた短期・長期の記録は、その期間の**学びのプロセス**として作成し、発信する（ドキュメンテーション化）ことができます。これらを園だよりや研修会などに活かしている園もあります。ドキュメンテーションでは、「何を目的にするか」「誰と共有するか」を考えて記録を活用する必要があります。

3　ドキュメンテーションのメリット

（a）　保育の質の向上　　ドキュメンテーションの「保育の見える化」は、子どもの思考や活動が明確になり、課題の発見や次への改善がしやすくなります。子どもの姿や学びが見えてくると、明日の子どもの姿が思い描かれ、それが保育の仕事の楽しさややりがいにもつながります。

（b）　園と家庭の連携　　ドキュメンテーションを通して子どもの姿をより詳細に保護者に伝えることができるため、保育者は、子どもが何に興味や関心をもち、活動しているかについて、保護者と対話することが増えるようになります。そして、このことが、園に対する保護者の理解や協力にもつながっていきます。

（c）　保育者のチーム力の向上　　ドキュメンテーションを通して、保育者は互いの保育を学びあうことができます。活動を共有し、共通認識を確かめて保育に向かうことは、**チーム力の向上**につながります。

CHECK！

*2　例として、「イルカショーに大声援！」（遠足より）、「大きくなったかな？」（体位測定より）、「ダンゴムシに夢中！」（好きな遊びの様子より）などがあげられます。

覚えておこう

*3　その遊びや場面の子どもの気持ちや育ちを読み取りながら、実際の子どもの姿を具体的に記します。子どもの興味や関心、遊び、活動への向かい方のなかに育とうとしている姿や思いを保育者がどのように受け止めているかをほかの保育者や保護者に伝えると、保育の理解や共感につながります。

表6-1　ドキュメンテーションの例

4 月、園庭の花は子どもたちの遊びを広げます！

◎年長組さんが水やりをしているとき、花壇に落ちている花びらや花殻を見つけ、集め出しました。ビニール袋に集めて、そこに水を入れると水に色がつき、そこから色水遊びが始まりました。砂場のザルを使って、こすり、色を出しています。「こうやってこするといいよ」「ぎゅっとするの」と自分たちで考えたことを伝え合っています。

◎年少組さんが、「何してるのかな」とやって来ました。「いいなぁ」とつぶやくと、急いで保育室から牛乳パックを持って来ました。花びらと水を入れてうれしそうです。

◎年少組さんは、年長組さんのすることに興味津々です。まねをしていますが、それだけで満足の笑顔。年長組さんは、「どうしよう……」「こうしてみよう！」と試行錯誤し、探究することが楽しい遊びになっています。

協力：芦屋市立朝日ヶ丘幼稚園（芦屋市）

② ポートフォリオ

　ドキュメンテーションは保育における集団やクラスの活動や遊びの過程、発展をとらえていく記録であるのに対して、**ポートフォリオ**は、一人ひとりの活動や遊びからの学びの過程をとらえた記録です。

　個人の記録をポートフォリオで記していくと、後に成長がよく見えます。子ども自身もその成長を感じることができ、自信につながっていきます。子どもにとっても、卒園時に手渡せば思い出として心に残るものになります。

表6-2　ポートフォリオの例

　必ずサッカーをして遊んでいる A くん。今日は、園庭の花壇の近くで始まった「色水遊び」に気づき、近づいてきました。「何してるん？」と友だちに聞いて、つくった色水を見せられると「どうやってつくるん？」と色水遊びに入ってきました。花の咲き終わりの花殻を集めてきて、さっそく作り始めました。友だちのカップの色水は、一人ずつ色が違います。ピンク、黄色、紫など。それに気づいて、「どうやったら赤くなるんかな……」と考えています。真剣な目が素敵ですね。　　　　　4月25日

ふしぎだな…

あかいろにしたいな。どうしたらいいのかな。

協力：芦屋市立朝日ヶ丘幼稚園（芦屋市）

③ エピソード記録

　エピソード記録は、遊びを通してのある出来事に焦点をあてた記録です。子どもの様子や感じ取れる子どもの気持ち、保育者がその出来事を通して思うことなどを書いていきます。

　園内での研究会など、保育者がそれぞれのエピソード記録を持ち寄って、互いの保育を振り返る時間を設けている園もあります。子どものとらえ方やかかわり方についてさまざまな意見を交わして学んでいく機会が、明日の保育へのヒントになります。今日の保育を振り返り、明日はどのように展開していくのか、環境はどのように構成するのか、一人ひとりへの言葉かけなどの援助や配慮はどのようにすればよいのかなどを考えることが、次の指導計画につながっていきます。同時に、このような保育者同士の振り返りの機会が、保育者間の連携や園の保育目標を確認することにもなるでしょう。

表6-3　エピソード記録の例

「ありがとう」（5歳児）

　席に着こうとしたA児が持っていたクレヨンをパラパラと落とした。反対側の席のH児がそれに気づき、クレヨンを拾って箱に入れてあげている。隣のN児は気がつかない様子。離れたところからそっと様子を見ている子もいる。私は、A児に「Hちゃんが手伝ってくれてうれしいね」と言葉をかけた。「うん」とうなずくA児。それに気づいてY児、K児が集まってくる。あえて、A児に「みんな集まってくれてうれしいね。今度、お友だちが困っていたら、Aちゃんが、気がついたり、助けてあげたりできたらすてきなことよ」と伝えた。A児は手伝ってくれた友だち一人ひとりの目を見て「ありがとう」と言った。こういう場面はよく見かける。友だちのことに気づく子もいれば、気づかない子もいる。H児の行動をほめるのではなく、H児の気持ちをどう認め伝えていけば、周りの子どもたちの気づきになっていくのかを考えて、あえてA児に言葉をかけた。周りの子どもたちにH児のようにしなさいというのではなく、H児の気持ちをうれしいことと伝えることがお互いによい気持ちを分かち合うことではないか。H児のさりげない行為をほほえましく思った。

協力：芦屋市立精道幼稚園（芦屋市）

④ 指導要録・保育要録

　指導要録は、小学校へ引き継ぐために、子どもの発達状況や性格、教育・保育の過程や留意事項を記したものをいいます。様式は自治体や園よって異なりますが、幼稚園、保育所、認定こども園での子どもの姿を小学校へつなげていくための資料です。指導要録の作成にあたって注意すべきことは、下記のとおりです。

　① 日々の保育の取り組みを記します。

② 保育の記録をもとに、指導内容や子どもの成長を記します。

③ 保育を振り返る資料にもなり、保育力の向上につなげていきます。

④ 1年間の子どもの育ちの姿をまとめます[*4]。

3　記録による省察を活かした指導計画の改善

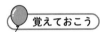

*4　保育を振り返りながら子どもの育ちをとらえ、指導計画を作成して実践を行い、また保育を振り返るという日々の記録から、1年間をまとめて作成していきます。

　保育者として成長していくためには、記録から自身の**保育観**を見つめ直し、子どもの気持ちに寄り添いながら、日々の指導計画を改善していくことが不可欠となります。記録は、保育者として保育を向上させるためだけでなく、人として豊かに成長していくためのものでもあるのです。ここでは、記録を振り返る（＝**省察する**）ポイントおよび省察を指導計画に活かす方法を見ていきます。

① 記録による省察のポイント

　保育の記録を省察するためのポイントは、下記のとおりです。

① 保育内容を振り返る

　子どもは、今日の保育で楽しく過ごせたのか、明日も遊びたいという意欲につながったのかなど、保育のねらいや内容が適切であったのかを振り返ります。子どものとらえ方や保育の展開など一つひとつを省察することが大切です。

② 個々へのかかわりを見つめる

　保育においては、それぞれの子どもに寄り添って、その子に応じた援助が必要です。同じ年齢であっても一人ひとりの興味や関心が異なり、発達や生活経験もさまざまであるため、同じような遊びをしているようでも、一人ひとりの子どもにもつ意味が異なります。保育者の援助が一人ひとりに適切だったのか考えます。

③ 子どもの成長を実感する

　子どもの成長は必ずしも目に見えるものではありませんが、日々の保育実践を積み上げ、子どもの成長を見つめるよう心がけます。また、記録から保育実践を見直すことはもちろんですが、指導計画が子どもの姿をとらえて作成されていたか、遊びや活動のなかで見られた様子を振り返りながら考えます。

　記録は、自分の保育者としての足跡です。そのときにわからないことや悩んだことがあっても、記録を残すことで気づいたり学んだりすることが増えていきます。記録をきちんと振り返ることで見えてくる課題や改善点を、次の指導計画に活かしていきます。

② 省察から指導計画の改善に向けて

　では、記録による省察を、どのように指導計画に活かしていくことができるのでしょうか。たとえば、今日の保育を振り返ったとき、遊びのなかで子どもの興味や関心が高まっていると感じたときには、明日の指導計画のなかにその遊びを継続できるように位置づけることができます。あるいは、その遊びの環境構成を見直し、新たな遊びへと発展させることを計画することもできるでしょう。

　このように、今日の保育の記録を振り返ることで、そこからの気づきや学び、反省点などをふまえて明日の保育を考えていきます。記録を手がかりの一つとして、明日の指導計画を具体的に考えていくことができるのです。保育者は、子どもの姿をしっかりととらえながら記録し、記録を省察することによって指導計画を改善していきます。これにより保育の質を向上させ、保育者としてさらに成長していくことが求められます。

☝POINT

・保育の記録と指導計画の作成は、日々連動していくものです。記録の省察を次の指導計画に活かしていきます。
・子どもの育ちに寄り添い、日々の保育内容や子どもの姿をしっかりと記録することが大切です。
・ドキュメンテーションやポートフォリオ、エピソード記録など、保育の記録にはさまざまな方法があります。

Q 演習問題

① 保育の記録と指導計画の関係はどのようなものでしょうか。
② ドキュメンテーションやポートフォリオ、エピソード記録など、それぞれの記録方法の特徴はなんでしょうか。

第7章 評価とカリキュラム・マネジメント

　保育における評価とは、どのようなものでしょうか。保育の質を向上させ、子どもに寄り添う保育を展開するためには、適切な評価と改善を繰り返していくことが大切です。本章では、保育における評価の考え方、そして組織的・計画的に保育を改善することを目指す「カリキュラム・マネジメント」の考え方について学びます。

① 子どもとのかかわりで、言葉かけや接し方がうまくいかなかった経験はありませんか。なぜ、うまくいかなかったと感じたか考えてみましょう。
② 指導計画をよくするためには、どのような見直しを行えばよいでしょうか。

🔒 **keywords**　保育の評価　PDCA サイクル　カリキュラム・マネジメント

1　保育の評価とは

1　保育における評価

　幼稚園や保育所等では、**評価**についてどのように考えられているのでしょうか。「評価」という言葉は、優劣や順序をつけたりする成績表のように受けとめられることがありますが、けっしてそのようなものではありません。まずは、幼稚園教育要領と保育所保育指針ではどのように示されているか確認しましょう。
　幼稚園教育要領では、評価について、下記のように示されています。

第1章 総則　第4 指導計画の作成と幼児理解に基づいた評価
2　指導計画作成上の基本事項
　……幼児の実態及び幼児を取り巻く状況の変化などに即して指導の過程についての評価を適切に行い、常に指導計画の改善を図るものとする。

　評価は、子どもの発達の理解と保育者の指導の改善という両面から行うことの重要性が示されています。子どもの発達する姿をとらえることと、それに照らして保育者の指導が適切であったかどうかを振り返ることが必要だとされています。

また、保育所保育指針では、下記のように示されています。

第1章　総則　3　保育の計画及び評価　(4) 保育内容等の評価
　ア　保育士等の自己評価
　(ｱ) 保育士等は、保育の計画や保育の記録を通して、自らの保育実践を振り返り、自己評価することを通して、その専門性の向上や保育実践の改善に努めなければならない。

　みずからの保育実践と子どもの育ちを振り返り、保育の改善を図っていくことが述べられています。このように、幼稚園や保育所等での評価とは、いずれも指導計画に基づく実践の改善を目指して実施されるものです。

　では、指導計画に基づく実践の改善のためには、どのような点を見直せばよいでしょうか。表7-1を参考に、指導計画を評価してみましょう。

表7-1　指導計画改善のための評価ポイント

① 「子どもの姿」について	
□	子どもの実態を的確に把握できていたか。
② 「ねらい・内容」について	
□	子どもの姿をふまえたねらいや内容を考えられたか。
□	子どもの年齢や発達段階、季節に応じた内容であったか。
□	子どもの経験や興味・関心に沿った実現可能な内容であったか。
③ 「時間・環境の構成」について	
□	全体の流れ、手順、時間配分が記されているか。
□	環境設定（製作見本・材料・用具等含む）が記されているか。
□	保育者の立ち位置、動き方が記されているか。
□	安全面の配慮を考えられていたか。
④ 「予想される子どもの姿や保育者の援助・配慮」について	
□	導入・展開・まとめが記されていたか。
□	子ども一人ひとりの動きや状況を読み取り、適切な声かけが記されているか。
□	製作物の置き場や片づけなど、活動後の指導まで記されていたか。

　評価ポイントを理解することで、子どもの発達の理解と保育者の指導の改善の両方を見直すことができます。つまり、保育における評価とは、保育をよりよいものに改善するための手がかりを求めることです。適切な保育を実現するためには、適切な評価を行うことが大切だと考えられます。

② 保育の質を向上させる循環——PDCA サイクルの考え方

　幼稚園教育要領や保育所保育指針で確認したように、保育の評価は、教育課程や全体的な計画および指導計画と日常的な保育の過程の両方とを切り離して考えることはできません。保育とは、計画した内容を実践し、日々の実践したことを

振り返り評価したうえで、保育内容や方法、環境援助などを改善し、また計画を立て直し、保育を実践していくことの繰り返しをいいます。

　この保育の質を向上させるための手法を、**PDCA サイクル**といわれる循環的なシステムのモデルから考えることができます。PDCA サイクルは、Plan（P）——計画、Do（D）——実践、Check（C）——評価、Action（A）——改善から成り立っています。保育実践にあてはめると、日々の保育実践から見えてきた配慮事項や願い、子ども理解をふまえた保育計画を作成し（P）、保育実践を行い（D）、その実践を保育者個人や保育者同士で振り返り、よりよい保育へつなげるための評価を行います（C）。そして、その評価結果をふまえて保育の計画を作成し、次の保育へ活かす（A）という循環を表しています（図7-1）。

　計画した内容を実践し、振り返り、評価したうえで、保育の内容や方法、環境援助などを改善していくことで、主観的な目線だけでなく客観的な目線をもつことができます。このように、自分のものの見方や考え方を検証していくことが、保育の質を向上させることにつながっていきます。

　このようなサイクルを循環させ、次の保育へつなげるためにも、教育課程や全体的な計画および指導計画の内容や意義を理解したうえで、日々の保育実践を記録したり振り返りを行ったりすることが大切です。

図7-1　保育の PDCA サイクル

③ 保育にかかわるさまざまな評価

　保育における評価の形態には、「自己評価」「学校関係者評価」「第三者評価」があります。自己評価とは、幼稚園や保育所等の教職員が行う評価です。学校関係者評価とは、幼稚園などの学校が行った自己評価の結果に基づいて、保護者や地域住民など幼稚園と関係の深い人々が客観的な立場から行う評価です。第三者評価とは、保育所や認定こども園などの福祉事業者が提供する福祉サービスの質

を、公正・中立な第三者機関が専門的で客観的な立場から行う評価です。なお、自己評価には、「保育者による自己評価」と「幼稚園や保育所等（組織）による自己評価」があります。ここでは、保育者に直接かかわる2つの自己評価を見ていきます。

1　保育者による自己評価

　保育者による自己評価では、幼稚園や保育所等による全体の保育内容に関する認識を確認します。たとえば、保育の計画を日・週・月・期・年単位で振り返ることで、計画や実践について見直しを行います。教職員は相互対話を通じて学び合い、子どもの姿や保育をとらえ直します。また、保護者との対話や情報の共有を行い、目指すべき保育の方向性を明確にし、保育の改善・充実に向けた検討を行います。表7−1は、保育者による自己評価の一例といえるでしょう。

2　幼稚園や保育所等による自己評価

　幼稚園や保育所等（組織）による自己評価では、保育者による自己評価をふまえた組織としての評価を行います。組織として評価を行うため、全教職員による共通理解のもとで取り組むことが大切です。具体的には、日々の記録や保育者の自己評価、保護者アンケート、外部からの意見・助言・指摘を活用し、幼稚園や保育所等の実情に即した観点や項目の設定[1]を行います。また、幼稚園や保育所等の組織としてどのように評価目標を達成していくのかを検討し、全般的な評価と重点的な設定、自己評価の実施体制の整備を行います。保護者や地域住民の意見の把握、改善の目標や方策の検討と取り組みの成果の検証、結果の取りまとめと公表を実施します。

　なお、幼稚園では、幼稚園や保育所等（組織）による自己評価を「学校評価」とも呼びます。子どもがよりよい教育活動を受けることができるよう学校運営の改善と発展を目指し、教育の水準の保証と向上を図っています[2]。

覚えておこう

＊1　幼稚園や保育所等の組織としてどのような保育目標を掲げているのか、幼稚園や保育所等が置かれる地域性や規模を考慮します。

さらに詳しく

＊2　学校評価は、学校教育法第42条（幼稚園については第28条による準用）および学校教育法施行規則第66条から第68条（幼稚園については第39条により準用）により教職員による自己評価を行い、その結果を公表することが決められています。

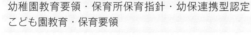

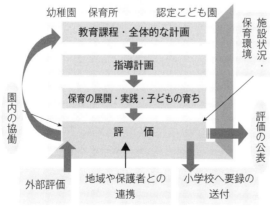

図7−2　評価の流れ

2　カリキュラム・マネジメント

① カリキュラム・マネジメントとは

　2017（平成29）年改訂の幼稚園教育要領では、より組織的な教育活動の質の向上を図る取り組みとして、**カリキュラム・マネジメント**という新しい用語が用いられました。この用語は、保育所保育指針にはありませんが、幼保連携型認定こども園教育・保育要領には出てきます。しかし、今回の幼稚園教育要領や保育所保育指針等の改訂（改定）により、幼児教育に関して共通性をもたせたことから、保育者として知っておくことが大切な考え方です。

　カリキュラム・マネジメントは、幼稚園教育要領に、学校教育にかかわる取り組みを、教育課程を中心に据えながら組織的かつ計画的に実施し、教育活動の質の向上を図ることであると示されています[*3]。すなわち、カリキュラム・マネジメントとは、教育課程に基づいて、教育活動の質の向上を目指す取り組みをいいます。

　教育活動の質の向上を目指すためには、**組織的**[*4]**かつ計画的**に、次の項目について、実施状況を把握・評価し、改善を図っていく必要があります。たとえば、①園における教育課題[*5]の把握や園の教育目標の明確化、②指導計画の作成・評価、③子どもの姿・教育実践の記録、④家庭・地域との連携、⑤研修の実施と情報共有、⑥特別な支援を要する子どもの対応、⑦保幼小連携や預かり保育、⑧子育て支援、⑨園内・地域環境の把握などです。これらすべてを一度に改善することはむずかしいため、3年、5年、10年などの中期・長期的な計画や子どもの実態に応じた目標を立て、実施していきます。

② カリキュラム・マネジメント実施のポイント

　幼稚園や保育所等では、これまでも教育課程や全体的な計画の見直しを行ってきました。そのため、カリキュラム・マネジメントはその延長線上にある取り組みだと理解することができます。それでは、カリキュラム・マネジメントを実施するためのポイントは何でしょうか。ここでは3つ紹介します。

　1つめに、幼稚園や保育所等は、全体的な計画にも留意しながら「幼児期の終わりまでに育ってほしい姿」や小学校での学びを念頭に置き、教育課程や全体的な計画を作成する必要があるということです。幼稚園教育要領や保育所保育指針等の改訂（改定）にともない、「幼児期の終わりまでに育ってほしい姿」や「育みたい資質・能力」が加わりました[*6]。これにより幼児期から小学校へつなが

*3　「幼稚園教育要領」第1章総則「第3 教育課程の役割と編成等」の「1 教育課程の役割」を参照。

用語解説
*4　組織的
　組織的とは、園長のリーダーシップのもと、教職員が一体となって取り組む体制を整えていくことをいいます。

用語解説
*5　教育課題
　教育課題とは、幼稚園や認定こども園の教育目標や行政文書などに揚げられる子どもの姿などと目の前の子どもたちと照らし合わせて落差となっていることを指します。

*6　「幼児期の終わりまでに育ってほしい姿」や「育みたい資質・能力」について、詳しくは、第2章（p.19～20）を参照。

る方針が明確となりました。ここから、目指すべき方針を念頭に、園の保育目標やねらい、内容に連関性を確保することが求められています。

　2つめに、幼稚園や保育所等は、教育内容の質の向上に向けて、教育課程を編成し、実施し、評価して改善を図ることです。これら一連のPDCAサイクルを確立することが、より明確に示されました。幼稚園や保育所等では、目の前の子どもの姿や家庭・地域の状況をふまえながら、特色ある教育課程や全体的な計画を作成することが求められています。

　3つめに、教育内容と教育活動に必要な人的・物的資源などを家庭や地域の外部の資源も含めて活用しながら、効果的に組み合わせることが求められています。

　最後に、これらの取り組みを「組織的かつ計画的」に行っていくことが求められています。

③ カリキュラム・マネジメント導入の背景

　ではなぜ、このように、カリキュラム・マネジメントが重視されるようになったのでしょうか。2018（平成30）年度から幼稚園や認定こども園へ導入されることとなったカリキュラム・マネジメントは、2015（平成27）年に公表された中央教育審議会「教育課程企画特別部会の論点整理」によれば、以下のように明示されています。

　すなわち、「今後、10年から20年程度で、半数近くの仕事が自動化される可能性が高い」ことや、「子供たちの65％は将来、今は存在していない職業に就く」という予測から、2030年には「将来の変化を予測することが困難な時代」を迎えることが見込まれています。これらに対応できるように幼児期の教育・保育から高等学校までの教育課程を構造化するということです。子どもが、2030年以降の将来の変化を予測することが困難な社会を生き抜いていける人間に育つように、「身につける必要のある資質・能力」を明確にしました。そして、資質・能力を確実に身につけていくための保育の質の向上を目指して、カリキュラム・マネジメントが導入されることになりました。

　ただし、「環境を通しての教育」という幼児教育の特徴をふまえると、「身につける必要のある資質・能力」は、到達目標とはなり得ません。しかし、幼稚園や認定こども園から高等学校まで一貫して「身につける必要のある資質・能力」を育んでいくことは、追求し続ける必要があるといえるでしょう。

3　カリキュラム・マネジメントを実施するためのポイント

① 園における教育課題の把握

　カリキュラム・マネジメントの重要性を理解したところで、実際にどのような点を確認・評価していくことが大切なのか見ていきましょう。まず、幼稚園や認定こども園（以下、「園」といいます）における子どもの実態と今の教育課題を把握することからはじめましょう。

A	園における子どもの実態・今ある教育課題の把握
☐	普段の保育・教育活動における子どもの姿を記録し、共有していたか。
☐	育成したい子ども像と今ある子どもの課題点を把握し、共有していたか。
☐	行政諸文書等も参考にし、子どもの育ちに関する諸課題の把握をしていたか。

出典：岡野聡子「幼児期におけるカリキュラム・マネジメントの実践研究１－A 公立幼稚園における園内研修を手掛かりとして」『奈良学園大学紀要』8 号　2018 年　pp.137-138 より一部抜粋

　子ども理解のためには、日々の教育・保育活動における子どもの姿を記録すること、その記録を保育者自身や保育者同士で共有していくことが大切です。また、園の目標や教育課程、全体的な計画、幼稚園教育要領、幼保連携型認定こども園教育・保育要領などを参考に、大まかな子どもの育ちに関する課題を把握しておきましょう。

B	園の教育目標の明確化
☐	育成したい子ども像や子どもの姿をもとに、年間目標の設定（年齢別）をしていたか。
☐	園の環境や地域の実態、保育所等の自己評価（学校評価）を参考にした園の教育目標を設定していたか。

出典：同上

　次に、園の教育目標の明確化を行います。先に確認した「育成したい子ども像（子どもの姿）」をもとに、年齢別の年間目標が設定されているか、また設定されている場合は、現場の子どもたちの実情に合う内容になっているのか確認します。その際、園の自己評価に目を通し、その内容に沿った園の教育目標を設定しているか確認しましょう。

② 指導計画の評価

　指導計画を評価する場合には、これまで作成した指導計画（日案・週案・期間案）すべてを用意し、実際の子どもや園の様子を思い出しながら確認していきます。

C	指導計画の作成と評価
☐	子どもの姿が反映された指導計画（日案・週案・期間案）を作成していたか。
☐	園の教育目標（育成したい子ども像）に即した指導計画を作成していたか。
☐	幼稚園教育要領等を踏まえて作成していたか。
☐	ねらいと内容が具体的であり、ねらいと内容が関連づけられて記述していたか。
☐	子どもの姿と教師が設定したねらいに齟齬が生じていなかったか。
☐	子どもの多様な活動が引き出される環境構成の工夫を記述していたか。
☐	学びにつながる経験とは何かを踏まえた教師の援助を記述していたか。
☐	行事の実施については、ねらい・内容、行事の意味と関連づけをし、記録していたか。
☐	一度立てた指導計画を見直し、必要があれば柔軟に変更できていたか（日案・週案）。

出典：同上

　子どもの姿として、指導計画を作成するときのクラスの子どもの実態を的確に把握し、指導計画の全体の流れを考えられたか、振り返りをしていきましょう。

D	子どもの姿・教育実践の記録
☐	日々の記録を蓄積していたか。 　→子どものつぶやきの記録、エピソード記録、個別記録の作成
☐	客観的記録としての写真、映像を活用していたか。
☐	第三者が読んでも子どもの実態が具体的でわかりやすく記述されていたか。
☐	事実と解釈（実態と考察）に分けた記述がされていたか。
☐	記録を振り返り、翌日の日案や週案に活かしていたか。
☐	クラスだよりや園だよりに記録を活用していたか。
☐	家庭・地域との連携、保幼小連携、特別支援等へ記録を活用しているか。

出典：同上

③ 学外との連携、園内での評価

　記録には、家庭や地域との**連携**に関する内容も含まれます。子ども理解を深めるためには、子どもの家庭での様子を知ることや保護者に子育てに関する情報を提供することも大切です。クラスだよりや連絡帳を活用していきましょう。また、地域住民との協力体制が構築されているかも大切な確認項目になります。

G	家庭・地域との連携
☐	子どもの様子をクラスだよりや連絡帳を通して保護者に知らせ、信頼関係構築に取り込んでいたか。
☐	PTAや地域住民による園運営への協力体制が構築されていたか。

出典：同上

　このような振り返りや評価を園内で共有するためには、定期的な教職員会議や研修会を実施することが大切です。さらに、新たに情報を入れるための機会を共有するため、どのような機会がどの程度、また何を目的に実施しているのか、その結果どのような成果があったのか振り返ってみましょう。

H	園内研修の内容および実施後の情報の共有
☐	定期的にミーティングや教職員会議を行い、子どもの実態等について話し合われていたか。
☐	定期的に園内研修を実施していたか。 →園内研修のテーマ・内容が園の抱える課題を解決するものになっていたか。 →教師の資質・能力の向上に役立っていたか。 →研修講師と相談し、柔軟に実施内容を変更できたか。
☐	各教員における園外研修での学びの共有をしていたか。

出典：同上

　以上は、いずれもカリキュラム・マネジメントを実施するうえで必要な項目になります。このほかにも、特別な配慮を必要とする子どもの対応についての保幼小連携や預かり保育、子育て支援、園内・地域環境の把握など多岐にわたります。

　これらの項目を確認・改善していく試みは、カリキュラム・マネジメントの実施にほかなりません。目の前の子どもにより よい保育を提供するため、どのような環境を与えることができるのか、どのような保育を目指していくことが求められているのか、問い直しを継続的に行っていくことが必要になります。

・保育における評価は、保育をよりよいものに改善するための手がかりを求めることです。
・保育の質を向上させるために「計画（P）－実践（D）－評価（C）－改善（A）」のサイクルを循環させることが大切です。
・カリキュラム・マネジメントとは、①「幼児期の終わりまでに育ってほしい姿」をふまえ、教育課程を編成すること、②教育課程の実施状況を評価してその改善を図っていくこと、③教育課程の実施に必要な人的または物的な体制を確保し、その改善を図っていくための長期的な見通しをもった取り組みのことをいいます。

🔖 演 習 問 題

① 保育における評価とは、何をすることでしょうか。また、保育者は何を目指して評価を実施しているのでしょうか。
② 「カリキュラム・マネジメント」とは、各園にとってなぜ必要とされているのでしょうか。自分の考えをまとめてみましょう。

第 III 編

各年齢の指導計画と
保育の実践

本編では、年齢別の発達の特性を解説したうえで、各年齢において
作成すべき指導計画の種類や作成するうえでの注意点やポイント、
を学びます。

第**8**章

0 歳児の指導計画と実践

　発達の個人差が大きい0歳児の保育には、一人ひとりの育ちや生活に即した養護的な支援が大切になります。また、特定の大人と愛着関係を築いていくために応答的なかかわりが求められます。本章では、一人ひとりの生活リズムに合わせて愛情豊かに保育が行われるための0歳児の指導計画について考えていきます。

 考えてみよう！

① 応答的なかかわりや愛着関係を育むかかわりとは、どのようなものでしょうか。
② 一人ひとりの育ちや生活に即した養護的な支援とはどのようなものでしょうか。
③ 乳幼児期の発達をふまえた保育計画とはどのようなものでしょうか。

 keywords　　愛着関係　応答的なかかわり　一人ひとりの発達 🔑

1　保育所保育指針における乳児保育の特徴

① 乳児保育の3つの視点

　2017（平成29）年の保育所保育指針の改定により、乳児保育（0歳児）はより質の高い保育が目指され、保育内容についてもいっそうの充実が図られました。これにより、乳児期の育ちの特徴をふまえた**3つの視点**が示されました。すなわち、「健やかに伸び伸びと育つ」（身体的発達に関する視点）、「身近な人と気持ちが通じ合う」（社会的発達に関する視点）、「身近なものと関わり感性が育つ」（精神的発達に関する視点）です。乳児保育においては、これら3つの視点を保育の計画に取り入れ、保育内容を整理し、実践していくことが必要になります。

1　「健やかに伸び伸びと育つ」

　0歳児（以下、「乳児」といいます）*1は、少しずつ自分と外界を区別できるようになり、身近な環境を通して身体感覚を得ていきます。たとえば、眺めたり、なめたりするなかで手を発見すると、その手を使い、ものを探索し、触れて感触を味わい、心地よさを感じるようになります。このような心地よい環境を通して身体の感覚が育っていきます。また、お腹が空くとミルクを与えられる、眠いときは寝るといった安心感や充実感に満たされる生活を繰り返すことで、生活リズ

 覚えておこう

＊1　乳児
　乳児は、児童福祉法第4条第1項第1号で「満1歳に満たないもの」と定義されています。

ムの感覚を培っていきます。

2　「身近な人と気持ちが通じ合う」

　乳児は、特定の大人による愛情豊かで受容的・応答的なかかわりを通して愛着関係[2]を形成します。そして、これが人に対する信頼関係の基盤となっていきます。身近な人が区別できるようになると、信頼できる相手とのふれ合い遊びや自分の声に応答するやり取りを好むようになり、ともに過ごす喜びを感じるようになります。このような身近な人との丁寧なかかわりを繰り返し経験することで、乳児は身近な大人に対する愛情や信頼感が育ち、人とのかかわりを広げていきます。

3　「身近なものと関わり感性が育つ」

　乳児は、保育者や身近な大人との安定した関係をよりどころにし、自分を取り巻く環境を通して、さまざまな刺激を感じながら成長します。また、なめたり、触ったり、眺めたりという直接的なかかわりを通して満足感やおもしろさを味わい、さらに興味や関心を広げていきます。保育者はその時々に応じて子どもの思いを受け止め、ときには「楽しいね」「きれいだね」と意味づけをすることで、乳児は自分の感じ取ったものを人と共有する喜びを感じ、表現しようとする意欲や力を培っていきます。

② 乳児保育で配慮すること

　保育所保育指針には、乳児保育における配慮として、「一人一人の子どもの生育歴の違いに留意しつつ、欲求を適切に満たし、特定の保育士が応答的に関わるように努めること」と示されています[3]。

　乳児期は人生で最も速いスピードで発達していきますが、その**個人差**も非常に大きな時期です。そのため、特定の保育者が継続的かつ応答的にかかわることを通して一人ひとりの生活や発達過程を理解します。そして、子どものさまざまな育ちに合わせて保育を計画したうえで、必要な働きかけをすることが重要となります。

2　0歳児の発達の特徴

① 身体および運動機能

　個人差はありますが、出生時の平均身長は約50センチ、体重は約3キログラム前後です。また、運動機能は、原始反射[4]から随意運動[5]へ発達し、頭から下肢へと進みます。体の中枢部から末端部へと発達し、全身性の運動から細かい運動へと巧緻性が進んでいきます。

 用語解説

*2　愛着関係
　乳幼児と特定の養育者との間に形成された深い愛情による信頼関係を示します。

*3　「保育所保育指針」第2章保育の内容「1　乳児保育に関わるねらい及び内容」(3)保育の実施に関わる配慮事項のイより。

用語解説

*4　原始反射
　原始反射とは、新生児（生後28日未満）および乳児期のみに特徴として見られる反射をいいます。新生児反射とも呼ばれます。反射の種類によって、おおよその出現時期と消失時期が決まっており、消失は中枢神経系の発達に伴い生じます。

 用語解説

*5　随意運動
　随意運動は、身体の体幹部や腕、足などの体肢を中心とした粗大運動と、指先などの小さな部分を中心とした微細運動と分けられます。大脳を中心とした中枢神経の成熟に伴い、随意運動が表れます。

用語解説
＊6　モロー反射
　モロー反射とは、両手を「バンザイ」のようにあげてビクッとする一瞬の動きをいいます。

用語解説
＊7　生理的微笑
　生理的微笑とは、外的要因において微笑が生じるのではなく、反射により口角が上がり、笑っているように見える状態をいいます。

用語解説
＊8　社会的微笑
　社会的微笑とは、大人との相互作用によって生じる赤ちゃんの微笑をいいます。

② 認 知 機 能

1　視覚・聴覚

　新生児(生後28日未満)の視力は0.01 ～ 0.02程度ですが徐々に見えるようになり、生後6か月にはおおよそ0.1になります。生後1か月には追視ができるようになります[1]。胎児には6 ～ 7か月ごろから音に対する反応が見られ、新生児には大きな音に反応して手を広げ、抱き着くような反射（モロー反射＊6）が見られます。

2　嗅覚・味覚

　胎児20週目には嗅覚ができあがり、新生児にはほぼ嗅覚が完成しています。そのため、母親の母乳をかぎ分けることができます。いわゆる離乳食がスタートする生後6か月ぐらいから味覚が発達しはじめ、甘味や旨味を好みます。

3　人とのかかわり

　乳児は、生理的欲求があると泣き、周りの大人が応答的なかかわりをすることで愛着を育んでいきます。また、生理的微笑＊7や社会的微笑＊8をするようになります。生後7 ～ 8か月になると人見知りが出始め、生後9 ～ 10か月ごろには大人と物を共有しあえる三項関係＊9が成立するようになります。

3　0歳児の生活・遊びの援助

用語解説
＊9　三項関係
　「自分」と「他者」と「もの（対象）」の関係を指し、物の受け渡しや指差しをして人に伝える共同注意など、物を仲立ちとして人と気持ちを共有することをいいます。

① 生活の援助

1　食　　事

　乳児の食行動の発達には、母乳から人工乳、離乳食への変化があります。生後4か月ごろには舌や歯茎で固形物をつぶすことができ、生後6 ～ 7か月ごろには咀嚼が可能となります。子どもの成長や発達など一人ひとりの実態に合わせて、画一的な進め方にならないよう留意します。また、地域の食文化や家庭の食習慣を考慮したり、食事の内容や量を子どもの状況に合わせたりすることが大切です。

2　排　　泄

　乳児は、腎臓機能が未熟なため排尿回数も多く、生後3か月ごろまでは反射で排尿し、1歳すぎごろになると尿を膀胱にためることができるようになります。保育者は、子どもの様子に合わせて排泄の有無を確認しながら、必要に応じてオムツ替えをしていきます。オムツ替えをした後は、「すっきりしたね」「気持ちいいね」と心地よさを言葉で伝えます。

3　睡　　眠

　新生児は1日16時間以上眠って過ごしますが、成長とともに睡眠時間は減少していきます。3か月ごろには3 ～ 4時間、6か月ごろには6 ～ 8時間連続して

眠り、昼夜の区別がはっきりしていきます[2]。子どもの睡眠は、休息と身体や脳の成長のためにはとても重要です。そのため、保育者は乳児の成長に合わせて睡眠リズムの確立ができるような配慮が必要となります。

② 遊　　び

　保育所保育指針解説には、「乳児期は、心身の発達が未熟であると同時に、発達の諸側面が互いに密接な関連をもち、未分化の状態である。そのため、安全が保障され、安心して過ごせるよう十分に配慮された環境の下で、乳児が自ら生きようとする力を発揮できるよう、生活や遊びの充実が図られる必要がある」[3]とされています。0歳児は、見たり、聞いたり、触れたりするといった感覚を通して、さまざまなものを認識していきます。保育者や周りの大人の積極的な言葉かけやかかわりのなかで信頼関係を築き、遊びにつなげていくことが重要です。

写真8-1　声のするほうを見る

1　発達に合わせた遊び

　乳児期は、音に反応し、視野に入ってくるものを見つめ、目で追ったり、手を伸ばしたりするなど、発達に応じて動きが変化していきます。その際、大人とのかかわりを通して、「いないいないばあ」や「物の受け渡し」などを積極的に行うと遊びにつながります。遊びは、心身ともに調和のとれた発達の基礎を培っていく重要な学習のため、発達に合わせた遊びをすることを心がけます（表8-1）。

表8-1　0歳児の発達と遊び

	運動機能	言語・認識	人間関係	遊び
1〜3か月	・腹ばいをする。 ・首が座る。	・音に反応する。 ・社会的微笑が表出する。	・母親がわかる。	・あやすと笑う。 ・音が出る物や動く物を見たり聞いたりして楽しむ。
4〜6か月	・寝返りをする。	・声のするほうを見る。 ・意味のない言葉を発する。	・ほほえみを返す。	・見え隠れする遊びを好む。 ・鏡やボールに興味をもつ。
7〜9か月	・お座りができる。 ・ハイハイができる。 ・つかまり立ちができる。		・人見知りが始まる。	・ほしいおもちゃをつかむ。 ・物を引いたりつまんだりする。
10〜12か月	・伝え歩きをする。	・一語文を話す。		・絵本やペープサート（紙人形劇）などを見る。 ・大人と手遊びや歌遊びをする。

出典：高内正子・豊田和子・梶美保編『健やかな育ちを支える乳児保育Ⅰ・Ⅱ』建帛社　2019年　p.38をもとに筆者作成

2　大人とのふれ合い遊び

　乳児は、機嫌のよいときにふれ合い遊びをすると、スキンシップや共感の経験となり、大人のすることに興味をもつようになります。大人との楽しいかかわりがその後の発達の基盤につながっていくため、安心して遊びができるようにすることが大切です。

4　0歳児における指導計画

　乳児は一人ひとりの発達の差が著しいため、保育を行うにあたり、生活のなかで必要な体験ができるように見通しをもつことが重要です。「育みたい資質・能力」や「幼児期の終わりまでに育ってほしい姿」を見据え*10、入園したときからの乳児の成長を把握し、乳幼児の姿をふまえながら指導計画を立てる必要があります。そして、その指導計画に基づき保育を評価しながら一人ひとりの育ちを見極め、保育を行うことが大切です。

　特に乳児保育は、**養護と教育を一体的に行う**ことが基本となります。乳児の養護には、排泄や衛生といった**生命の保持**に関する内容と、気持ちの安定や自分を肯定する気持ち、癒される環境といった**情緒の安定**に関する内容が求められます。さらに、教育的内容では、「きれいになったね」「さっぱりしたね」などの保育者の言葉かけが行動と言葉を結びつけ、表現への理解につながります。このように、養護と教育を一体的に行うためには、子どもをしっかり観察し、気持ちを理解することが重要です。

*10　「育みたい資質・能力」や「幼児期の終わりまでに育ってほしい姿」について、詳しくは、第2章 (p.19〜20) を参照。

① 0歳児における長期指導計画と短期指導計画

　乳児は、身体や心の発達が1年で著しく見られるため、一人ひとりに応じた援助が必要となります。複数の保育者で保育を行うことが多く、保育者間の連携も重要です。そのためには、一人ひとりの発達状況を把握し、具体的な保育内容を考えなければなりません。

　また、成長にともなって、生活リズムの変化も見られます。たとえば、午前のお昼寝が必要な子どもが午後のお昼寝へと移行することや、ミルクから離乳食へ移行することなどがあげられます。一人ひとりの**生活リズム**に応じた保育の実施や環境の配慮が必要となります。0歳児の保育はこのような内容に配慮し、指導計画を作成していきます。

1　長期指導計画

　乳児は、初めての集団経験となり、1日の多くを園で過ごすことになります。そのため、長期指導計画では、できる限り、家庭に近い環境で安全に快適に過ごすことや子ども一人ひとりのより豊かな発達を目指すことが求められます。成長や発達の目安に合わせて、養護と教育の視点からねらいや内容を立てていきます（表8-2）。

表8-2　年間指導計画の例（0歳児）

年間目標				健康・安全	
・保育者と信頼・愛着関係を築く。 ・のびのびと遊び、体験を通して身のまわりのことに興味や関心をもつ。				・基本的な生活習慣や生活のリズムを身につけ、安心して過ごす。 ・遊具・玩具の清潔に配慮し、室内外の安全点検を行い、快適に過ごせるようにする。	

		1 期（4月〜5月）	2 期（6月〜8月）	3 期（9月〜12月）	4 期（1月〜3月）
ねらい	養護	・新しい環境に慣れ、心地よく過ごすようにする。	・一人ひとりの生活リズムや健康状態に合わせ、気持ちよく過ごすようにする。	・季節の変化に応じた体調管理を行い、家庭と連携しながら健康に過ごせるようにする。	・保育者に自分の思いや欲求を受け、自己を表現できるようにする。
	教育	・保育者に気持ちを受けとめてもらい安心して過ごす。	・保育者との基本的信頼関係を築き、安心して過ごせるようになる。	・戸外遊びや散歩など、自然に触れたり体を動かしたりする楽しさを味わう。	・自分でやりたい気持ちを受け止めてもらい、満足感を味わう。

月齢		7 〜 9 か月未満	9 〜 12 か月未満
子どもの姿		・離乳食が進み、食べることが楽しくなる。 ・うつ伏せ、転がり、ハイハイなど、さまざまな動きができるようになる。	・食べることに意欲的になる。 ・ハイハイやつかまり立ちができるようになり、活発に移動したりする。
内容	健やかに伸び伸びと育つ	・うつ伏せやハイハイなどさまざまな動きを楽しむ。 ・保育者とスキンシップやかかわりから心地よさを感じる。 ・玩具などを触ったり、握ったり、口の中に入れたりして感触を楽しむ。	・さまざまな食材に慣れ、喜んで食べる。 ・特定の保育者が丁寧にかかわることで愛着関係を築き、遊びが十分楽しめるようになる。 ・さまざまな形、大きさ、感触の玩具に触れて遊ぶ。
	身近な人と気持ちが通じ合う		
	身近なものと関わり感性が育つ		
環境構成		・一人ひとりがゆったりと過ごせる場をつくる。	・興味や関心に合わせて玩具を用意しておく。 ・保育者が言葉のモデルとなるよう働きかける。
子育て支援		・子どもの様子を丁寧に伝える。	・夏の生活の仕方を保護者に伝え、体調の変化など情報を共有していく。

2　短期指導計画

（a）**週日案**　乳児は、幼児とは異なり１日の「ねらい」が設定しにくいこともあるため、週の指導計画（週案）のなかに１日ずつの反省を記入した**週日案**を作成します。年間指導計画や月の指導計画（月案）をもとに作成される週ごとの計画が週日案となります。そこでは、子どもの姿や特定の保育者との継続的なかかわりを大切にし、柔軟性のある担当制[11]に必要な要点や、家庭的で安心できる環境になるような配慮を明記していきます（表8-3）。

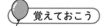

＊11　生活場面を中心に担当する保育者をある程度決めることで、子どもとの関係を安定させようとするものです。

表8-3　週の指導計画の例（0歳児）

子どもの姿	・戸外遊びが楽しくなり、走る、登るといった動きをする。 ・自分の思いを出す子が多くなり、トラブルも見られるようになる。	ねらい・内容	◎気温や湿度に注意しながら、動きやすいい服装で過ごすようにする。 ◎暖かい日には戸外遊びをして体を動かすことを楽しむ。	行事	・身体測定
	7 日（月）	8 日（火）	9 日（水）	10 日（木）	11 日（金）
生活の流れ	身体測定 ◎気温や湿度に注意しながら、動きやすいい服装で過ごすようにする。 ◎暖かい日には戸外遊びをして体を動かすことを楽しむ。				
環境構成・援助・配慮	・休み明けのため、生活の流れを緩やかにする。 ・戸外で遊ぶ時間を十分にとり、保育者と遊ぶ楽しさを味わえるようにする。	・動くことを楽しみたい子が増えてきたため、室内で登り下りを楽しめるマットを用意する。 ・気温が低くなり厚着をしている子が多いため体調に応じて調整する。	・玩具の取り合いが目立つようになってきたため、玩具の数を増やす。 ・戸外で砂場やボールなど好む遊びを楽しめるようにする。	・身体測定は、登園してきた子から順に呼び、計測していく。 ・計測時は、全身の様子でなにか変わった様子がないかを視診していく。	・戸外では、暖かい時間に出られるようにする。 ・トンネルや巧技台なども用意し、登り下りを楽しめるようにする。
評価・反省	・休み明けで生活リズムが整わない子もいたが、ゆったりと過ごすことで機嫌よく過ごすことができた。	・家庭から厚着をしてくる子が増えてきたため、保護者に子どもの様子を伝え、無理がないように薄着を勧めた。	・玩具の取り合いが目立ち始めたため、玩具の数を増やすことで遊びが継続できるようになった。	・身体測定では、子どもたちの身長や体重を測り、「大きくなったね」と声をかけていった。	・戸外遊びがより楽しくなるようトンネルや巧技台を用意した。くぐったり登ったりとさまざまな動きを楽しむことができた。

　(b)　日の指導計画（日案）とデイリープログラム　　乳児保育においては、一人ひとりに応じた**デイリープログラム**（日課表）を作成するときもあります（表8-4）。また、クラス全体で活動を行う際に、日の指導計画（日案）が立てられます（表8-5）。クラス全体で同じ活動を行い、体験を共有することが、一人ひとりの豊かな育ちにつながっていきます。

　0歳児クラスは、月齢により発達の個人差が大きいため、個別の配慮が必要となります。予想される乳児の姿を一人ひとりに応じて明記し、活動や姿に応じて配慮を記載します。さらに、月齢によって身体機能の発達などに差があるため、月齢ごとのグループ活動の指導計画を立てることもあります。複数で担当する場合は、保育者の連携も重要です。

表 8-4　デイリープログラムの例（0 歳児）

時刻	活動	時刻	活動
7：30	順次登園（早朝保育） ・視診 異年齢児との遊び	12：00	午睡
		14：00	目覚め
		14：30	おやつ
8：30	遊び		遊び
9：30	おやつ（授乳） ・午前睡（必要な子どものみ）	15：30	順次降園（延長保育）
10：00	室内・戸外遊び		
11：00	給食（授乳・離乳食）		

② 個別の指導計画

　乳児は月齢差や発達の個人差が大きいため、月ごとに**個別の指導計画**を作成する必要があります（表8-6）。食事や排泄、睡眠など生活にかかわる配慮を記入していきます。たとえば、表8-6のY児の場合は、入園したばかりであるため、家庭と連携をとりながら、園生活に慣れ、安心して過ごせるよう配慮が必要になります。このような背景から、ねらいを「園生活に慣れる」とし、特定の保育者が中心となってかかわるなかで、好きな遊びを見つけたり、授乳（ミルク）や睡眠の時期を個別に対応したりしながら、園の生活に慣れるようにしていきます。

　乳児は一人ひとりの生活リズムや成長が異なるため、家庭と連携をとり、個別のねらいや内容を設定していきます。

表8-5　日の指導計画の例（0歳児）

ひよこ組	園児数　6名	欠席数　0名
現在の子どもの姿	園の生活に慣れ、好きな遊びを見つけて遊ぼうとするようになってきた。	
保育のねらい	保育者と一緒に安心して遊ぶ。 新聞を触り、感覚を通して遊ぶ楽しさを味わう。	
保育の内容	室内プールのなかに新聞を破り入れ、プールに見立てて遊ぶ。	

時刻	保育の流れと保育環境（構成）	予想される子どもの活動・姿	保育者の援助や配慮
10：00 10：15	・室内の広いスペースに、ビニールプールを用意する。 ・あらかじめ破いた新聞を用意する（別袋に破いておいた新聞を用意しておく）。 ［ロッカー／出入口／ビニールプールの図］	・絵本やブロック、積み木、車など好きな遊びを楽しむ。 ・ビニールプールに興味を示し、近づき、なかに入りたがる。 ・ビニールプールに入り寝そべる子や座って頭から新聞をかけた子など思い思いに楽しむ。 ・入りたいけど入れない子には新聞を渡し、新聞を破りビニールプールのなかに入れる。 ・おおよそ、みんなが経験できたら、プールのなかの新聞を白色の袋につめ、表に目や口をつけておばけにし、部屋の入口につるしておく。	・ほかの遊びの邪魔にならない場所にビニールプールを出し、新聞を破きながら入れていく。 ・ビニールプールに入りたがる子は、一人ひとりをなかに入れていく。 ・ビニールプールのなかで、友だちの体と接触しないよう、「こっちにおいで」と誘導し、自分のスペースを確保できるようにする。また、新聞を口に入れないように見ておく。 ・ビニールプールのなかは4～5人のスペースしかないため、順番に入れるよう「今度はビリビリしよう」とほかの遊びに誘っていく。 ・最後に、白色の袋に新聞をつめ、おばけをつくり「また、みんなで遊ぼうね」と言葉をかける。

表8-6　個別の指導計画の例（0歳児）

氏名	ねらい・内容	配慮事項
Y児（0歳6か月）	・園生活に慣れる。 ・特定の保育者と安心して過ごす。	・入園したばかりのため泣いて過ごす。 ・泣き疲れて寝てしまうことも多いため、機嫌のよいときに授乳（ミルク）をし、少しずつ園の生活に慣れるようにする。
K児（0歳9か月）	・園生活に慣れ、特定の保育者とかかわって遊ぶ。 ・好きなおもちゃで遊ぼうとする。	・園の生活に慣れ、泣く時間が短くなってきた。 ・午前睡と午睡が必要であり、少しずつ寝る時間がまとまるようになってきた。 ・給食時に食欲が出るようになってきたので、保護者と連携をとり、ミルクの量を減らしてもらう。 ・周りの友だちの動きに興味を示すようになってきた。

5　記録に基づいた振り返りと評価

　乳児の記録は、保護者との連絡ノートや保育者同士の連絡ノート、週日案の反省欄などがあります。乳児は特に発育や発達が目まぐるしい時期のため、少しの変化や様子を詳しく記入することで貴重な記録となります。保育者同士の連携のみならず保護者とも情報交換をすることができるため、丁寧に記録します。

　また、記録や指導計画に基づいて実践を振り返り、**自己評価**を行います。指導計画のねらいや内容は子どもの姿に合っていたのか、環境構成は十分であったのか、配慮や援助はどうだったのかなど、さまざまな視点で評価を行い、指導計画の改善に活かしていきます。

Column

「おはよ！あっ笑った！」

　近年、20 ～ 60 人未満の保育施設である小規模保育所が急増しています。園児数が少ないことから、子ども同士のかかわりが十分できるよう保育者が意図的に声をかけ、家庭的な雰囲気を出せるように絵本やぬいぐるみを使って遊べる環境の工夫をしています。

　たとえば、A園では、朝の受け入れを異年齢保育の時間に行います。3 歳以上の子どもも好きなおもちゃを出しては友だちとおしゃべりをしながら楽しんでいます。そこへ、0 歳のAちゃんが登園してきました。お母さんに抱かれながら大泣きをしています。保育者がニコニコしながらAちゃんを抱き、「おはよう」と声をかけるのですが、Aちゃんは泣きやむ気配がありません。

　そこで、保育者が周りで遊んでいた子どもたちに声をかけると、みんながのぞき込み、次から次へと「おはよ！」「Aちゃん、おはよ」と声をかけ始め、なかにはAちゃんの好きなぬいぐるみを持ってきてくれる子もいました。そんな子どもたちの声に少し驚いた表情のAちゃんでしたが、次第に泣きやみ、ぬいぐるみを手に持ちました。「あっ笑った！」と子どもたちも大喜びでした。

POINT

・乳児は心身の発育・発達が著しいため、様子を観察し、発達状況を把握する必要があります。
・乳児への応答的なかかわりや愛着関係を育むなかで、信頼関係が構築されます。
・乳児保育では、一人ひとりの発達や生活にかかわる配慮を中心に指導計画を立てます。
・乳児は発達の個人差が著しいため、個別の指導計画を作成する必要があります。

演習問題

① 乳児との愛着関係を育む応答的なかかわりとして、どのようなものがあげられるでしょうか。
② 乳児におけるクラス全体の指導計画では、どのような活動が考えられるでしょうか。

第**9**章　1・2歳児の指導計画と実践

　自立にむけてさまざまなことが自分でできるようになってくる1・2歳児の保育には、子ども一人ひとりの成長や発達に合わせた配慮や援助の具現化が大切です。本章では、子どもの発達を理解したうえで、養護と教育を一体的に行う保育所等の特性をふまえた環境構成や、保育者の援助や保護者、関係機関との連携をふまえた指導計画の作成について考えていきます。

① 排泄や着替え、食事は、どのような過程を経て自分でできるようになるのでしょうか。
② 1・2歳児には、なぜ個別の指導計画が必要になるのでしょうか。また、個別の指導計画の作成においてどのような配慮が必要になるでしょうか。

 keywords　子ども一人ひとり　保育者の連携　1・2歳児の保育内容の視点

1　1・2歳児の発達の特徴

1　身体の発達

　出生時から1歳までは、体重は出生時の約3倍、身長は約1.5倍になり、子どもの身体に著しい発達が見られます（表9-1）。1歳児以降は、その身体の発達はだんだんと緩やかになり、たとえば、身体全体のバランスはほぼ5頭身となり、歯も満3歳までには20本の乳歯が生えそろいます。

　ただし、体重や身長など、子どもの発達には**個人差**があります。1歳のときは停滞していても2歳になって急速に発達が見られたり、その逆だったりする場合もあります。「しっかり食べている」「体を動かしている」「病気をしていない」という子どもの安定した状況が、体重や身長の増加につながっていきます。

指導計画には、月1回の身体測定、年に数回の歯科健診・内科健診を必ず入れます。

表9-1 1・2歳児の平均体重・平均身長

	出生時	1歳0か月	1歳6か月	2歳0か月	2歳6か月
体重（男児）	3.0kg	9.3kg	10.4kg	12.0kg	13.1kg
体重（女児）	2.9kg	8.7kg	9.8kg	11.4kg	12.5kg
身長（男児）	48.7cm	74.9cm	80.6cm	86.7cm	91.2cm
身長（女児）	48.3cm	73.3cm	79.2cm	85.4cm	89.9cm

出典：厚生労働省「平成22年度 乳幼児身体発育調査」2011年

② 運動機能の発達

1歳前後には、歩行ができるようになります。歩行ができるようになると、走る、跳ぶ、階段を登る・下る、ボールを投げる、蹴るなど、運動機能が著しく発達していきます。さらに、手指で細かい物をつかんだり、体全体を使って物を移動させたり、クレヨンを使用して絵を描いたりなど、物に対応する能力が発達し、**遊びの展開**につながっていきます。また、ファスナーやボタン、スプーン、フォークなどを操る機能も発達し、**基本的生活習慣の自立**に向かっていきます（写真9-1）。

写真9-1 パジャマのボタンをとめる

用語解説
＊1 初語
乳児が初めて発する「意味のある言葉」で、対象物と言葉が合致しているものをいいます。

③ 言葉・社会性の発達

1歳前後に「ママ」「ブーブ」などの初語＊1が出現します。2歳までには「ママ、きた」「まんま、ちょうだい」などの二語文＊2をさかんに話す姿が見られます。だんだんと主語と述語の規則性に気づくようになり、自分の知っている言葉を使い、「会話」ができるようになります。2歳児になると、ほとんどの子どもが自分の言葉を操ることによって、「他者への要求」や「自分の気持ち」を表現できるようになります。

1・2歳児は、愛着形成がなされている特定の養育者以外のさまざまな人とかかわりをもち、**社会性**＊3を身につけていきます。保育者や友だちとかかわるなかで自己を発揮し、喜び、悲しみ、怒り、我慢などの感情を味わいます。それらの体験を通してコミュニケーション能力が培われていきます。

用語解説
＊2 二語文
主語と動詞、主語と形容詞のように、「してほしいこと」「物や人への気持ち」を2つの言葉で表すようになることをいいます。

用語解説
＊3 社会性
周囲の人々との関係や集団生活において、自分自身を発揮しながらも他者を受け入れ、円滑に進めていくことのできる能力や資質をいいます。

2 保育者の援助と環境構成

1・2歳児の発達に即した保育者の援助について、指導計画のねらいや内容に活かせるように、表9-2の1日の生活の流れに沿って具体的に見ていきます。

表9-2　1日の生活の流れの例（1・2歳児）

時刻	子どもの生活の流れ	保育者の動きと援助
7：30	早朝保育	・早番の保育者が一つの保育室にて保育をし、子どもの受け入れをする。
	順次登園	・保護者から連絡を引き継ぎ、子どもの視診をする。
	2クラス合同での遊び	
8：30	クラスでの保育	・保育室に移動し、検温や体調チェックを行う。
	遊び	・遊び、歌、体操などを楽しむ援助をする。
	朝の会	
9：30	手づくりおやつ（少量）	・おやつの準備と援助をする。
10：00	本日の活動・散歩	・散歩、園庭遊び、制作遊び等を設定し、援助する。
11：00	着替え・排泄・手洗い	・個別に援助しながら清潔に配慮する。
11：30	昼食	・食事の自立を援助し、見守る。
	排泄・着替え	・着替えの援助を見守りながら行う。
12：30	午睡	・午睡中に呼吸の様子などの見守りを行う。
14：30	目覚め・着替え・排泄・手洗い	・目覚めを促し、着替えや排泄の援助をする。
	おやつ	・栄養補給を考慮したおやつを提供し、援助する。
15：00	遊び	・落ち着いた時間と場所、遊びを保障する。
	順次降園	・保護者に1日の様子の伝達をし、送り出す。
16：00	延長保育	・遅番の保育者が一つの保育室にて保育をし、子どもの送り出しをする。
17：30	2クラス合同での遊び	
	補食	・夕飯が遅くなる子どもに提供し、援助する。
19：00	全員降園	

① 保育者の援助

1 登　園

　登園時は、1・2歳児の保護者は、基本的に子どもとともに保育室に入り、家庭での状況などを保育者に伝えます。このやり取りによって、保育者は子どもの状態を把握し、その日の保育の留意点を明確にすることができます。登園での子どもと保護者の分離状況がその日の保育に大きな影響を及ばすこともあるため、「バイバイ」「いってらっしゃい」「お願いします」など、子どもと保育者、保護者が笑顔で安心して挨拶できるように温かく迎え入れます。

2 遊　び

　1・2歳児にとっての遊びは、発達に重要な役割を果たします。たとえば、子どもがおもちゃで遊ぶことで、物の形や手触り、色、扱い方などを理解し、巧緻性や好奇心、思考力が育まれていきます。保育者は子どもの発達に合ったおもちゃを提示するだけでなく、子どもと一緒に遊びながらお手本を示したり、言葉や表情で遊びの楽しさを

写真9-2　エプロンシアター遊び

伝えるようにしていきます。遊びの環境のなかでさまざまな遊具や児童文化財*⁴にかかわり、その特性を知ることができるような経験を積み重ねていくことが大切です。

また、友だちとの遊びを通して言葉や社会性を身につけられるように、遊びの楽しさや心地よさ、むずかしさなどを味わえるよう保育者が援助していきます。

3　散　歩

1・2歳児は、園外のさまざまな場所においても、自然や地域の人とふれあうことで成長していきます。散歩を通して、寒暖や季節の変化を感じたり、動植物に興味や関心をもったり、地域の人と交流したりすることによって、多くのことを学びます。保育者は、子どもがこれらの学びを**五感**によって経験できるよう、園外に出る時期や具体的な場面での環境構成、援助の方法を考えていきます。

4　食事・おやつ

1歳からスプーンやフォークを使って自分で食事ができるように、保育者が子どもの**意欲**を尊重しながら、一人ひとりの状況に応じて援助していきます。1・2歳児から好き嫌いも出てきます。苦手なものを無理強いされると余計に嫌だと感じるため、「食べさせる」ことではなく「食べよう」という気持ちになる援助を考え、「食べることは楽しい」と体感できるようにしていきます。

1・2歳児の胃は消化機能が発達途上であるため、食事だけでは栄養が不足しがちになります。そのため、栄養を補うのがおやつです。「食」は、生活の「楽しみ」でもあるので、音楽を流したり、花を飾ったり、別の場所で食べるなど楽しい雰囲気で食べられるよう、環境を工夫していきます。

5　排　泄

1・2歳は、排泄の自立の時期です。自分の感覚でトイレに行き、一人で始末する過程は、この時期の子どもにとってむずかしいことです。子どもの「できた」という達成感や喜びを共有し、認めることが大切です。失敗しても非難せず、時間をかけて取り組んでいける計画を立てます。発達による個人差や家庭環境の違いもあるため、**個別の援助**が必要となります。

6　着替え

着替えの場面では、「自分でしたい」という気持ちが強く表れるようになります。しかし、まだ十分に自分でできないことがあるため、保育者による援助が必要です。保育者は、「自分でしたい」という気持ちを受け止め、着替えやすい環境にするなど、「できた」という達成感を経験できる配慮をしていきます。また、着替えのときは保育者と子どもが1対1で触れ合える大切な時間でもあるため、言葉でコミュニケーションをとりながら信頼関係を深めていきます。

7　午　睡

1・2歳児が心身ともに充実した活動をしたうえで食後にしっかりと休息をと

用語解説
＊4　児童文化財
絵本、紙芝居、ペープサート（紙人形劇）、パネルシアターなどをいいます。保育者が読んだり、演じたりして楽しむことができます。

ることは、その後の生活の源となります。そのため、午睡ではしっかりと睡眠に導いていくことが大切です。やさしく体に触れトントンとすることで、子どもは安心して眠りに入ります。睡眠中は、寝ている姿勢や呼吸の様子、寝具の具合などの見守り（ブレスチェック*5）を怠ってはいけません。目覚めのときは、無理やり起こすのではなく、子どもの体力に応じた睡眠時間を考慮しながら個々に対応します。

8　降　園

登園時と同様に、保育室で保護者に子どもを引き渡します。その際、保育者は園での子どもの様子を保護者に具体的に伝えます。その場での情報の共有によって、保護者との連携がなされます。連絡帳も重要な連携のツールですが、声や表情、身振り手振りをともなった伝達が、保護者にとっての安心につながります。

用語解説
＊5　ブレスチェック
　乳幼児突然死症候群（SIDS）などの事故を防ぐために、子どもの睡眠中に、呼吸の様子や寝姿勢などを定期的に注意深く見守ることをいいます。

② 環 境 構 成

1・2歳児にとって、保育室は生活の場であると同時に、「遊び」を通して行われる教育の場でもあります。その場が清潔であり、安全であることが前提です。

1・2歳は、食事や睡眠、排泄、着替え、手洗いなどの基本的生活習慣を身につけていく時期です。遊びにおいても、さまざまなおもちゃや教材に触れ、一人遊びからごっこ遊び、平行遊び*6へと遊びの内容も充実していきます。生活の場であり、遊びの場でもある保育室や園庭が、子どもの発達にふさわしい「安全な環境」「自立可能な環境」「遊びやすい環境」であるための工夫が必要となります。また、複数の保育者がその環境のなかで効率よく動くことができる環境構成を考えていくことが大切です。

用語解説
＊6　平行遊び
　同じ場にいて同じおもちゃで遊んでいても、隣にいる子どもとかかわることなく、自分一人の遊びを楽しんでいることをいいます。

写真9-3　遊びコーナー
ままごとコーナーの設置により「遊びやすい環境」になっています

4　1・2 歳児における指導計画

1　1・2歳児における指導計画の留意点

　1・2歳児の指導計画おいては、保育所の特性である「養護」と「教育」が一体的に行われる保育の具現化が必須です。2017（平成29）年の保育所保育指針の改定により3歳未満児の「教育」が新たに見直され、1・2歳児においても5領域の視点でねらい・内容を定めることになりました。現在は、乳児から1・2歳児、3歳児以上へと連続性をもった教育・保育の計画の作成が求められています。

　しかし、1・2歳児の発達において、指導計画の「教育」の5領域は、時間や場面で区分されるものではなく、あくまで生活全体のなかで子どもの一人ひとりの成長発達にふさわしい援助をするための視点です。結果や評価を求めるものではなく、子どもの姿をとらえるための目安であることに留意することが大切です。

　また、1・2歳児の発達過程においては、保育所等における保育だけでなく、家庭や医療機関、地域との**連携**が重要です。そのため、全体的な計画には、子どもの成長を支えるシステムを明記します＊7。小児科医や歯科医だけではなく、近隣の保健所や児童発達支援センターとの連携を重視している園もあります。さまざまな機関と連携することで、子ども一人ひとりの成長を支えていくことができるのです。

＊7　保育所における全体的な計画について、詳しくは、第1章（p.6）や第3章（p.30）を参照。

2　1・2歳児における長期指導計画

　長期指導計画は、全体的な計画に基づき、具体的な保育が適切に展開されるように子どもの生活や発達を見通した計画です。1・2歳児の指導計画について、保育所保育指針には次のように明記されています。

> 第1章 総則　3 保育の計画及び評価　(2) 指導計画の作成
> 　イ　指導計画の作成に当たっては、第2章及びその他の関連する章に示された事項のほか、子ども一人一人の発達過程や状況を十分に踏まえるとともに、次の事項に留意しなければならない。
> 　（ア）　3歳未満児については、一人一人の子どもの生育歴、心身の発達、活動の実態等に即して、個別的な計画を作成すること。

　つまり、1・2歳児においては、クラスとして集団の子どもを保育していくための指導計画と、一人ひとりの子どもの育ちに即した個別の指導計画を作成します。いずれもそれぞれの担任保育者＊8の**共通理解**をふまえて立案していきます。一人ひとりの子どもの実態を複数の角度からとらえることにより、その子どもの

覚えておこう

＊8　1・2歳児クラスは複数担任であることが多くあります。

発達にとってよりよい援助方法や環境設定が導き出されます。

1　個別の指導計画

ここでは、個別の月の指導計画（月案）を取り上げます。月の指導計画（月案）では、前年度末に立案した**年間指導計画**に沿って、各月のねらいや内容、保育者の援助などを決めていきます[*9]。個別の月の指導計画（月案）を作成する手順を下記に示します。

① 子ども一人ひとりの前月の振り返りから子どもの姿を把握します（子どもの好きな遊びや興味、子ども同士のかかわりや発達・変化など）。

② 子ども一人ひとりの状態や生活リズムをふまえ、季節や行事などの取り組みなどを考慮しながら、子どもの育ち（保育者の願い）を反映させたねらいを立てます。

③ ねらいを実現するための（経験する）内容を考えます。

④ 子どもの意欲を引き出し、子どもが主体となって活動ができるような具体的な準備や環境をまとめます。職員（担当する保育者・看護師・栄養士など）の連携を視野に入れ、考えます（保健や安全面の十分な配慮をふまえます）。

⑤ （経験する）内容から子どもの姿を予想し、保育者の援助や配慮事項をまとめます。発達に応じた環境構成やおもちゃ・児童文化財などを考えておきます。

⑥ 保護者に伝えておきたいことや支援などを記述します。

このような手順に沿った**個別の指導計画**を作成することで、担当保育者が一人ひとりの子どもに対して共通の見通しをもった保育を展開することが可能になります。表9-3の個別の指導計画の例でもわかるように、1・2歳児は月齢によって発達がまったく異なります。また、子どもの家庭環境や生育歴も違います。たとえば、ある子どもにとっては「楽しいおもちゃ」でも、別の子どもとっては「むずかしいおもちゃ」となる場合が多々あるのです。個別の指導計画において一人ひとりの子どもに対する具体的な見通しをもつことによって、複数の担任保育者全員がその子どもに合った保育を展開することができるのです。

2　クラスとしての指導計画

1・2歳児は基本的生活習慣の自立を目指し、環境を通して遊びや活動を行っていきます。そのため、クラスとしての指導計画は、クラス全体としてねらいを設定し、そのねらいに対しての保育者の援助や配慮を計画していきます。

たとえば、クラス全体で食事ができるように食事の介助が必要な子どもと少しの援助で食事ができる子どもを同じテーブルにしたり、クラス全体が楽しい雰囲気で食事ができるようにテーブルをみんなの顔が見える位置に配置したりするなど、そのとき・その場に応じた保育の展開が想像できるように指導計画を立てます。複数の保育者がどのように動き、どのような連携をとるのかが明確になるように指導計画を作成することも大切です[*10]。

*9　年間指導計画は、前年度に担当であった保育者とその年度の担当保育者の合意に基づいた立案が理想的です。

環境には人、物、自然、社会事象等があるよね

*10　忙しい保育のなかでの時間の確保は大変ですが、立案には、保育者全員で話し合う時間や場が保障されることが望ましい環境です。

表9-3　個別の月の指導計画の例（1・2歳児・11月）

	男児A（2歳7か月）	男児B（2歳1か月）	女児C（1歳11か月）
前月の姿	・保育者のまねをして歌や踊りを楽しんでいる。 ・友だちに関心をもち始め、動作をまねする姿が見られる。また、相手が使っている玩具を使いたい気持ちから手が出てしまうこともあるため、近くでやり取りを見守りながら必要に応じて仲介に入るようにしている。	・触り心地のよい好みの洋服へ固執したり、特定の保育者の近くに行き、遊ぶ姿がある。また、午睡時はかけ布団を頭まで被ることで落ち着いて入眠することができている。 ・男児と多くかかわる姿があり、追いかけっこをしたり共通の玩具で遊んだりしている。	・保護者と離れるとき寂しさから涙を見せる姿が見られたが、徐々に慣れると日中は保育者から離れ、遊びを楽しんでいる。 ・入眠時に涙を見せるため、保育者と1対1のかかわりをもつことで入眠することができている。途中で泣いて起きるが、抱っこをすることで落ち着いている。
ねらい	・秋の自然物に興味をもつ。 ・保育者や友だちと一緒に手遊びをしたり、音楽に合わせて身体を動かしたりすることを楽しむ。	・戸外遊びや園外散歩を通して友だちとのかかわりを深める。 ・身のまわりのことをしてみる。	・さまざまな感触を味わう。 ・さまざまな食材に触れる。 ・睡眠や休息を十分にとる。
内容（養護）	・甘えや欲求を十分に受け止め、応答的なふれ合いや言葉かけを行っていく。	・天候や体調の変化に配慮し、衣服の調節や休息をとり、健康に過ごせるようにする。	・気温や活動に応じた環境を整え、健康に過ごせるようにする。
内容（教育）	・落ち葉や木の実などを発見したり、拾ったりして楽しむ。 ・ピアノの音に合わせて身体を動かす。 ・保育者や友だちの動きをまねし、身体を動かすことを楽しむ。	・友だちや保育者と手をつないで歩いたり、さまざまな探索活動を楽しむ。 ・簡単な身のまわりのことをしてみる（ロッカーから必要な物を出す。衣服の着脱をしてみる）。	・小麦粉粘土や水晶粘土、低反発の粘土などさまざまなものに触れ、感触遊びを楽しむ。 ・苦手な食材を一口でも食べてみる。 ・保育者とのスキンシップを取りながら、十分な睡眠時間がとれるようにする。
環境構成	・秋の自然物に興味がもてるよう、保育者が落ち葉や木の実などを用意し、触れられる機会をつくる。 ・簡単なリズムの曲を用意し、一緒にリズムを合わせる。	・月齢の差や背丈を考え、保育者や友だちと手をつなぎやすいようにする。また、靴のサイズが合っているか確認する。 ・わかりやすく実物を見せたり、一緒にロッカーまで行き名称を伝えたりして、物の名称が理解できるようにする。	・1つのテーブルに、3〜4人の少人数で感触遊びができるようにする。また、一人遊びでも集中して遊べるように、一人一つの感触遊びを用意する。 ・献立や入っている食材を伝え、食事に興味がもてる時間をつくる。 ・安心して入眠ができるように、保育者が抱っこをして触れ合い、入眠を促す。
援助と配慮	・自然物の名称を伝え、一緒に観察したり触れたりして、秋の自然への興味が湧くようにする。 ・保育者も身体を大きく使ってリズムを表現し、楽しさを伝える。	・友だちと手をつないで歩けた気持ちを共感したり、十分に認め、次の自信につなげていく。また、探索している際は見守りつつ動植物の名称を伝えていく。 ・本児のマークを知らせたり、物の名称を知らせる。また、少人数ずつ荷物を取りに行き、衝突などのトラブル防止に努める。	・保育者と一緒に触れ、ゆっくりと慣れるよう進めていく。 ・保育者も一緒に食べ楽しい雰囲気をつくり、意欲的に食べたくなるような言葉かけをしていく。 ・絵本を読んだりして入眠することを知らせていく。また、1対1でのかかわりをもち、落ち着いて睡眠時間が保てるようにする。

協力：社会福祉法人優愛会　クマさん保育所（川口市）

表9-4　月の指導計画の例（1歳児・11月）

	配慮すべき事項	保護者支援	異年齢児保育	園行事
月初めの子どもの姿	・行動範囲が広くなり、ケガが増加するので、危険な場所を知らせるようにする。	・天候に応じた衣服の着脱ができるように準備をしてもらう。また、自分で着脱がしやすい服を用意してもらう。	・園庭遊びや園内探索の際にさまざまなクラスに興味をもち、かかわろうとする。	・乳幼児健診 ・避難訓練 ・誕生会 ・身体測定
月のねらい	・戸外に出る際は、気温の変化から体調を崩してしまう子どももいるので、室温や服装には気をつけるようにする。	・家庭での様子を聞き、体調の変化にすぐに気づけるようにする。		

月初めの子どもの姿：
・友だちとのかかわりが増え、共通の玩具を通して一緒に遊んだり、かかわったりする姿が増えた。また、自分の意思が強く出るようになってきたため、友だちとトラブルになる姿がある。
・簡単な言葉を使ったり、保育者のまねをして話す姿がある。
・曲が流れると、自分なりに体を揺らしてリズムにのっている。
・戸外に出て秋の自然を感じながら、たくさん体を動かして遊ぶ。

月のねらい：
・自分の思いを言葉や身振りで相手に伝えようとする意欲をもつ。
・自分のことは自分でやろうとする意欲をもつ。

週	1週	2週	3週	4週
ねらい	・秋の空気を感じながら、身体を動かし、遊ぶことを楽しむ。 ・保育者のやりとりを楽しみ、保育者や友だちとかかわって遊ぶことを楽しむ。	・ごっこ遊びをするなかで友だちとかかわって遊ぶことを楽しむ。 ・音楽に合わせて身体を動かして遊ぶことを楽しむ。	・簡単なルールを知り、遊ぶことを楽しむ。 ・身のまわりのことに興味をもち、自分でしようとする。	・好きな遊びをじっくり楽しみ、落ち着いて過ごす。 ・戸外遊びを保育者などと楽しむ。
■養護（生命の保持・情緒の安定） ★教育（健康・人間関係・環境・言葉・表現）・援助	■食事の前後や排泄後に、手を洗うことが身につくようにする。 ■友だちや保育者とのやりとりを楽しめるようにする。 ★音楽に合わせ、リズムをとったり覚えた曲に合わせたりして、自分なりに身体を動かして遊ぶ。	■楽しい雰囲気のなかで、食事のマナーを知り、さまざまな食べ物を食べることを味わうことができるようにする。 ■衣服の調節をし、快適に遊ぶことができるようにする。 ★自分で衣服の着脱をしてみようとする意欲をもつ。 ★指先を使って製作や遊びに取り組もうとする。 ★友だちと一緒に遊ぶ楽しさを感じる。	■鼻水が出たことを保育者などに伝え、自分で拭きとることができるようにする。 ■保育者などとのやり取りを楽しめるようにする。 ★友だちや保育者などと言葉のやり取りを楽しむ。 ★言葉のやり取りをしながら、簡単な会話を楽しむ。 ★リズムに合わせ、身体を動かして遊ぶことを楽しむ。	★指先を使った遊びに集中して取り組む。 ★自分の要求を言葉で伝えようとする。 ★保育者などや友だちと一緒に歩いて、公園まで行くことを楽しむ。
■環境構成 ★援助	・食事の前は、保育者などと一緒に手を洗って清潔にする。 ・散歩の際は安全確認を行い、子どもたちに危険がないようにする。 ★戸外に出る際は、靴が正しく履けているかを確認してから遊び始めるようにする。 ★自分で伝えようとする気持ちを大切にし、子どもたちが言いたいことをしっかり受け止め、発語を促す。	・リズムのよい音楽を流し、踊ったり楽しい雰囲気で遊べるような雰囲気をつくる。 ・ごっこ遊びが楽しめるような雰囲気をつくる。 ★保育者などが子どもたちを仲介しながらかかわることで友だちとのかかわり方を知ることができるようにする。 ★かかわることの楽しさを共有し、一人ひとりのイメージや思いを大切にしながら保育を行う。	・子どもの手の届く場所にもティッシュペーパーを用意し、自分で鼻をかめる環境を整える。 ・簡単なルールのある遊びを用意し、保育者などと一緒に楽しめるようにする。 ★落ち着いて話を聞くことができるような言葉かけをする。 ★一緒に楽しい体験をすることを通して、情緒の安定を図る。	・子どもたちの好きな玩具や集中して遊べる玩具を用意し、環境を整える。 ・動きのある遊びを取り入れることで、心と体のバランスを図っていく。 ★指先を使えるように援助し、自分でできた喜びを感じられるようにする。 ★靴の履き方などを伝え、正しく履くことができるようにし、必要に応じて援助する。

協力・社会福祉法人慈愛会　クラ〜ん保育所（川口市）

98

③　1・2歳児における短期指導計画

　1・2歳においては、子どもの状況が刻々と変化します。成長が著しい子どもいれば、停滞が見られる子どももいます。また、長期指導計画では予想できなかった実態が見られることもしばしばあります。短期指導計画では、そのときの目の前の子どもの状況に応じた援助や配慮を計画していきます。その週に行われる行事などに対するねらいや配慮、保育者の動きなども具体的に記載します（表9−5）

　また、デイリープログラムでは、時刻や子どもの生活と動き、保育者の動きや援助・配慮を具体的に記述します。1・2歳児クラスにおいては、複数の担任それぞれの動きが明記されたデイリープログラムを作成している園もあります（表9−6）。1・2歳児クラスの1日の生活は保育者同士のスムーズな連携によって進められ、同時に、一人ひとりの保育者が自分の役割に対して責任をもった働きかけをしていきます。作成にあたっては、週日案での1日の予定や長期指導計画における**個別の配慮**を考慮し、1日の保育が子どもにとって心地よい充実したものになるよう、無理のない計画を心がけていきます。

　また、1・2歳児の生活や遊びには「まさか」の事態が多々発生するので、その状況に応じた指導計画の変更や、それに対応する保育者の臨機応変な保育の実践が求められます。

Column

K保育所（小規模保育）の手づくりおやつ

　K保育所では、管理栄養士が昼食やおやつのメニューの作成から調理、そして食育までを一人で担当しています。

　ある日の2歳児のおやつは、餃子の皮のねぎやきと牛乳です。管理栄養士のKさんは、栄養だけでなく、「どのような食材が入っているか子どもがわかるような見た目」を大切にしています。食べる前に「このおやつにはこんなものが入っているよ」とお話をして、「いただきます」をします。子どもたちは「これがパプリカ？」「ねぎは嫌い」などと言いながら完食です。

　この園では、長期指導計画や短期指導計画を作成するときにも管理栄養士が参加し、保育者とともに、1・2歳児が「食べることは楽しい」と感じる食育の計画を立てています。

栄養士さんの楽しい食育

表9-5　週の指導計画の例（1歳児・10月）

	16日（月）	17日（火）	18日（水）	19日（木）	20日（金）
週のねらい（目標）　【教育】簡単なルールを知り、遊びを楽しむ。【養護】身のまわりのことに興味をもち、自分でしようとする意欲を高める。			**今週うたう歌**　・やさしいグーチョーパー　・きのこ		担任印　主任・副主任印　園長印　主任・副主任印
その日のねらい（目標）	身体を動かすことを楽しむ	運動会を楽しむ	英語遊びを楽しむ　身体を動かすことを楽しむ	身体を動かすことを楽しむ	安全に避難する方法を知る
行事		ミニ運動会		誕生日会	避難訓練
子どもの活動内容（遊び）	戸外活動（しっぽ取りゲーム）	ミニ運動会	英語遊び　戸外活動	室内活動（ボール）	避難訓練（水害）
予想される子どもの活動	・保育者のついているしっぽを追いかけ楽しむ。・しっぽが取れると嬉しそうにする子どもやお友だちのまねをしてしっぽを取ろうとする子どもがいる。	・保護者の前で恥ずかしがりにしながらも保育者と一緒に遊戯を楽しむ。・いつもと違う雰囲気に戸惑う子どもがいる。	・保育者のまねをして身体を動かし楽しむ姿が見られる。・砂場や固定遊具、ボールなど自分の好きな遊びを楽しむ。	・保育者が投げたボールを追いかけたり、キャッチしようとしたりする。・ボールを投げたり転がしたりして楽しむ。	・保育者の誘導で静かに避難するする子どももいるといつもと違う雰囲気に戸惑う子どももいる。
援助・配慮　環境構成	・「しっぽを取られる」「しっぽを取る」という簡単なルールを伝える。・取れた喜びや取れなかった悔しさなど気持ちに共感していく。・「誰がしっぽ取れるかな」など、ゲームに興味がもてるような言葉かけを行う。	・子どもの気持ちに寄り添い見守ることで、運動会の雰囲気が味わえるようにする。・子どもの状況に合わせて保育者が動けるよう事前に動きの確認を行う。	・保育者も一緒に身体を動かしたり、英語を発音したりして楽しい雰囲気をつくっていく。・好きなもので遊び込めるよう見守っていく。	・保育者が手本を見せ、ボールを投げる際は腕を支えるなどを行い、発達に合わせて身体が動かせるようにする。・投げたり箱に入れたりできるように、的や箱を用意していく。	・安全に避難できるよう保育者同士で声かけを行う。・なぜ避難するかをわかりやすい言葉で知らせていく。
家庭との連携	・いつもと違う様子が見られたり、体調の変化があったりする場合は伝えてもらう。				

協力：社会福祉法人優愛会　ケマさん保育所（川口市）

100

表9-6　保育者担当別のデイリープログラムの例（1歳児）

時刻	子どもの動き・活動	保育者A（リーダー・普通番）	保育者B（サブ・早番）	保育者C（サブ・遅番）	保育者の援助や配慮
7:00	・早朝保育		・出勤し、受け入れ準備をする。		
7:30	・順次登園する。		・保護者対応、視診をする。		・気持ちよく挨拶して、かかわる。
8:30		・保護者に対応し、検温しながら遊びの援助をする。	・保護者に対応し、検温し、遊びの援助をする。		・保護者と一緒に子どもの健康状態を確認する。
9:15	・手を洗う。	・手洗いをすませ子どもの援助をする。	・おやつの準備をする。		・手洗いの大切さ・三順を知らせながら援助する。
9:30	・おやつを食べる。	・おやつの援助をする。	・散歩の準備をする。	・出勤し、おやつの援助と片づけをする。	・食べることが楽しいと感じるような言葉をかけていく。
10:00	・散歩をする。	・先頭を歩いて子どもに声かけをする。	・横断歩道での補助、公園にて遊びの環境整備をする。	・後片づけて、子どもの援助をする。	・周囲の自然環境や社会事象、安全にも目を向け、援助をしていく。
10:30	・公園で遊ぶ。	・全体の子どもを把握し、援助する。	・環境整備をしながら、着替え、食事の準備をする。園に戻り、着替え、食事の準備をする。	・個別の配慮が必要な子どもを援助する。	
11:00	・手洗い・着替え・排泄をする。 〔保育室の配置図：たたみコーナー、ままごとコーナー、ロッカー、出入口、B〕	・着替え・手洗い・排泄の援助をする。・すませた子どもに絵本を読む。	・食事の配膳をする。	・着替え・手洗い・排泄の援助をする。	・自分で着替えようとする気持ちを尊重しながら援助する。・保育者とのスキンシップにも配慮する。
11:30	・昼食をとり、歯を磨く。	・いただきますの声かけをし、食事・歯磨きの援助をする。	・食事・歯磨きの援助をする。子どもの着替え・排泄の援助をする。午睡の準備をする。入眠の援助をする。	・食事の遅い子どもの援助をする。	・楽しい雰囲気で食事ができるようにする。
12:00	・着替え・排泄をする。	・ごちそうさまの声かけをし、着替え・排泄の援助をする。入眠の援助をする。		・着替え・排泄の援助をする。食事の後片づけをする。	・子どもの状態に合わせて心地よく入眠できるよう援助する。
12:30	・午睡する。	・子どもの様子を見ながら連絡帳に記入をする。	・順次休憩	・着替えの後片づけ、連絡帳に記入をする。	・睡眠中の子どもの変化にすぐ対応できるよう見守る。
14:30	・順次目覚める。・検温・排泄をする。	・検温・排泄・着替えの援助をする。・終わった子どもの遊びの援助をする。	・おやつの準備をする。	・検温・排泄・着替えの援助をする。	・やさしく語りかけ、気持ちよく目覚めるようにかかわる。
15:00	・おやつを食べる。・好きな遊びをする。	・おやつの援助をする。	・降園準備をする。	・おやつの援助をする。	・ゆったりとした時間のなかでおやつを楽しむことができるよう配慮する。
16:00	・順次降園する。	・保護者に対応する。	・退勤	・保護者に対応する。	・保護者に1日の様子や体調を伝える。
17:30	・延長保育	・退勤		・延長保育の子どもを保育する。・園全体の片づけをする。・退勤	・明日の保育の整備をする。
19:00	・順次降園する。				

POINT

・1・2歳児の保育では、保育者は、子どもが乳児から幼児へと成長していく過程を見守り、一人ひとりに合った援助をしていきます。
・1・2歳児においては、クラス全体の計画とともに個別の指導計画を作成し、成長発達を遂げていく子どもに対して最善の援助ができるように具体的な計画を立てていきます。

演習問題

① 2歳児クラスの指導計画を調べてみましょう。
② 1歳児クラスの12月の指導計画、12月の週や日の指導計画を立ててみましょう。

■写真協力
・社会福祉法人優愛会　クマさん保育所
・社会福祉法人横浜婦人クラブ愛児園　ナーサリー横浜ポートサイド

第10章 3・4歳児の指導計画と実践

運動機能が発達し、友だちとのかかわりも増えてくる3・4歳児の保育では、個人の成長だけでなく、集団としての活動の充実が図られる必要があります。

本章では、3・4歳児の指導計画作成のポイントを学びながら、実際の3・4歳児の姿を通して保育を考え、実践につなげていく指導計画の仕組みを学びます。

考えてみよう！

① 泥団子に興味はあるのにまったく砂に触れようとしない3歳児がいるとしたら、このような子どもの姿をどのように理解し、援助しますか。

② 一人の友だちとしか遊ばない4歳児が、ある日、いつも一緒に遊ぶ友だちが欠席したため、何をしていいのか決められずに困っているとしたら、子どもの姿からどのような問題意識をもちますか。これをふまえて、週の指導計画を考えてみましょう。

🔒 keywords 子どもの姿　生活　遊び　保育者の援助と配慮　環境構成

1　3・4歳児の育ちと姿

 ① 3・4歳児の育ちと生活

　3・4歳になると、運動機能の発達は著しく変化し、それに応じてさまざまな活動を体験するようになるため、生活の場も大きく変化していきます。これまで子どもは家族や身近な大人と密接なかかわりをもち、1対1の関係を深めてきましたが、徐々に身のまわりの環境にも関心をもつようになっていきます。

　3・4歳になると、生活のなかで身近な大人に支えられなければできなかった活動が一人でもできるようになったり、できないことにも一人で挑戦してみようと意欲をもったりする姿も見られます。それは、食事や排泄、衣類の着脱といった生活習慣にともなう活動の積み重ねが自信につながり、次の活動への意欲を育てることになるのです。さらに、3・4歳児は、運動機能の発達とともに、さまざまな活動を通して手先の細かな動きも発達していくことから、考えたことを形にしてみたり、思ったことを身体で表現してみたりする楽しさも感じるようになります。

　3・4歳児にとっての生活体験には、子ども一人ひとりの発達の違いや個人差

が表れます。保育者は、これらをふまえて、子どもの遊びや生活のなかから子どもの育ちをとらえていくことが必要となります。

② 3歳児の発達の特徴

　3歳児の他者との関係には、さまざまな変化が見られます。興味をもった活動に対しては、みずからのペースや距離感を保ちながら一人遊びを十分に楽しみ、目の前のモノやコト（事柄）と対話していきます。そして、徐々に近くにいる他者の動きに関心をもつようになり、他者の姿をまねるようになります。子どもは、他者と同じ動きをとることで気持ちが共有される体験を得ると、進んで遊びを共有し、言葉で思いを伝えあうことを学んでいきます。

③ 4歳児の発達の特徴

　4歳になると、全身の動きに調和がとれるようになり、工夫したり試したりして遊びを深めるようになります。ルールや決まりのある遊びにも興味をもちますが、友だちがルールを守らないことに腹を立てたり、負けることを嫌ってルールを変えてしまったり、さまざまなトラブルや**葛藤**も見られます。友だちとのこのようなかかわりを通して、ときには思うとおりにならないことがあることを知ったり、保育者の仲立ちに助けられながら考えたり失敗したりして、感情のやり取りを体験していくことになります。そして、このような他者の思いを理解する経験が、他者を思いやる気持ちや大切にしたいという気持ちを育てることになるのです。

2　3・4歳児の長期指導計画

① 長期指導計画作成のポイント

　3・4歳児の指導計画を作成するとき、保育者はどのような点に配慮しながら計画を組み立てているのでしょうか。例年、実習期間が近づくと、学生から「3歳児は何ができますか」と質問されることがあります。しかし、指導計画は、「できる」活動のなかから組み立てるものではありませんし、「できる」「できない」という結果を重視しているわけでもありません。

　長期指導計画の作成は、子どもがみずから何を育とうとしているのか、保育者は子どもにどのような体験ができることを願っているのかを明確にし、園生活の流れを検討する重要な作業となります。子どもの生活について園全体で検討する

ことにより、**子ども理解**に対する保育者間の共通意識が深まり、保育内容の土台となる長期指導計画が組み立てられていきます。

　3・4 歳児の長期指導計画においても、子どもの実態や発達過程を考慮し、全体的な子どもの姿だけではなく、一人ひとりの具体的な姿を思い浮かべながら、子どもに応じた保育内容を計画していくことが必要となります。また、3・4 歳児は、身体的な運動機能の高まりにより、さまざまな活動の経験が豊かに展開される時期でもあるので、友だちや身近な大人とのかかわりを楽しみながら、十分な体験を得られるように計画していきます。このとき、保育者は、「幼児期の終わりまでに育ってほしい姿」についての視点をもちながら長期にわたる子どもの育ちをとらえ、**連続性**のある保育内容を計画していくことが重要です。

② 長期指導計画における「子どもの姿」のとらえ方

　3 歳児であっても、不安や緊張のある学期初めのころと、さまざまな体験を越えて自信がついていくころでは、**子どもの姿**の見え方が異なります。このように、時期によって子どもの姿も変化し、それぞれの子どもの状態が異なるため、長期指導計画において子どもの姿をとらえるためには、子どもと過ごす生活のなかで保育者が気づいた子どもを見つめる目——**視点**が重要となります。

　子どもは、園生活を通してさまざまなヒト・モノ・コトと出会い、一人ひとりがみずから考えたり学んだりして成長しています。保育者は、子どもがみずから育とうとしていることは何か、あるいは何が課題であるのかを具体的にとらえます。特に友だちとのかかわり方に広がりを見せていく 3・4 歳児は、友だちとのケンカやトラブルが多く見られますが、これが成長に必要不可欠な体験の一つとなります。

　保育者は、子どもの姿をもとに、3・4 歳の子どもはどのように他者を理解していくのか、思いどおりにならない心情をどのように受け止めていくのか、具体的に子どもの状態を読み解いていきます。保育者の子どもの姿を見つめる視点が指導計画に大きくつながることになります。

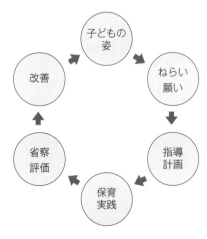

図 10-1　指導計画作成の手順

③ 長期指導計画における「ねらい」と「内容」

　3・4歳児の育ちは、運動機能の高まりにより、さまざまな運動や遊びの経験が豊かになり、友だちとのかかわりも広がりを見せていきます。長期指導計画において**ねらい**を立てる際には、3・4歳児が長期にわたり、どのようなことに気づき、何を感じてほしいのかなど、子どもの育つ道筋を組み立てていきます。

　たとえば、3・4歳児のねらいとして、「砂遊びをする」という遊びの内容を明記するのではなく、子どもは何に気づき何が育つのか、子どもの心情・意欲・態度を検討していきます。

　一方、**内容**は、ねらいを達成するために体験すると予想される遊びや具体的な保育内容のことですが、保育者が日々のなかで抱く子どもに対する思いや意図を深く整理していく場面となります。

④ 長期指導計画の例

　表10-1は、3歳児の期の指導計画の一例です。ここでは、第Ⅰ期から、子ども自身が園生活のなかでヒト・モノ・コトに触れながら充実して過ごしていけるように1年間が計画されています。3歳児の生活をどのように配慮しているのか、期ごとに子どもの状態と照らし合わせながら見てみましょう。

　また、表10-1にある矢印は、期をまたいで保育内容を継続する計画であることを示しています。これは、3歳児にとって短期的な周期のなかで活動を終結するのではなく、長期にわたり広い視野のなかで子ども一人ひとりの成長を促していく保育者の指導上の配慮を表しています。

3　3・4 歳児の短期指導計画

① 短期指導計画作成のポイント

　3歳児は、一人遊びを十分に楽しむと、少しずつ他者の行動に興味をもつようになり、友だちのまねをしたり共通の遊びを楽しんだりするようになっていきます。さらに、4歳児になると、小集団から大きな集団へと遊びが移行し、思いどおりにならず自己主張をしたり、葛藤したり、相手を受け入れたりして、遊びのなかから複雑な感情のやり取りを体験することになります。

　3・4歳児の短期指導計画では、このような子どもの姿を見直し、現在の心身の状態を考慮しながら、次の活動を想定して指導計画を作成します。このとき、長期指導計画と関連づけることも必要です。

表10-1　期の指導計画の例（3歳児）

	I　期（4月～6月上旬）	II　期（6月中旬～10月上旬）	III　期（10月中旬～12月）	IV　期（1月～3月）
ねらい	○幼稚園や保育者に親しみをもつ。 ○自分の好きな遊びをする。	○保育者や友だちと一緒に遊ぶことを楽しむ。 ○自分の好きな遊びを見つけ、喜んで遊ぶ。 ○身のまわりのことをできるだけ自分でしようとする。	○保育者も加わった気の合った仲間との遊びを楽しむ。 ○さまざまな遊びに取り組み、自分の思いを表現しようとする。	○友だちや保育者とのかかわり合いを深めながら、安定感をもって生活する。 ○自分の知っていることを進んで話そうとする。
内容	○喜んで登園する。 ○幼稚園生活の1日の流れになじむ。 ○生活のなかで簡単なあいさつを覚える。 ○好きな遊びを楽しむ。 ○簡単な歌遊びや手遊びを楽しむ。 ○砂や水に親しむ。 ○身近な動植物を見たり、触れたりして遊ぶ。 ○春の自然に触れて親しむ。 ○保育者に手伝ってもらいながら、生活に必要な身のまわりの始末をしようとする。	○幼稚園の生活を楽しむ。 ○幼稚園生活の1日の流れを知る。 ○生活のなかで簡単なあいさつを交わす。 ○保育者や友だちに親しみをもちながら、好きな遊びを楽しむ。 ○歌やリズムにのって動くことを楽しむ。 ○異年齢児の生活に興味をもち、かかわろうとする。 ○保育者や友だちと鬼ごっこやおにらべうった遊びなどを楽しむ。 ○簡単な遊びのきまりがわかり、守ろうとする。 ○跳んだり転がったりして遊ぶ。 ○身近に経験したことや思ったことを保育者や友だちに話そうとする。 ○描いたりつくったりしながら、身近な素材に親しむ。 ○夏から秋の自然に触れて遊ぶ。 ○身のまわりの始末や遊びの後片づけを、保育者と一緒にする。	○自分の好きな遊びをするなかで、友だちをまねたり、自分で考えたりしながら、いろいろな表現を楽しむ。 ○保育者や友だちと簡単なきまりのある遊びをする。 ○跳んだり、転がったりして遊ぶ。 ○興味のある出来事や感じたことなどを保育者や友だちに喜んで話す。 ○いろいろな素材に触れながら、描いたりつくったりすることを楽しむ。 ○秋から冬にかけての自然に触れて遊ぶ。 ○身のまわりの始末を自分でしようとしたり、遊んだあとの片づけを友だちと一緒にしようとしたりする。	○保育者や友だちと一緒の遊びを楽しむ。 ○冬の自然に触れて遊ぶ。

出典：学校法人曽根学園　東二番丁幼稚園「生きる力をはぐくむ わたしたちの保育」より一部抜粋（一部改変）（仙台市）

107

　たとえば、翌月の行事や保育内容だけを意識して短期指導計画を作成しようとすると、長期指導計画との関連が曖昧（あいまい）になり、子どもの長期的な課題とつながりのない指導計画となってしまいます。

　なお、3・4歳児の短期指導計画の作成では、長期指導計画では気づかなかった遊びの展開やさまざまな課題に直面することもあります。長期指導計画には、「3歳児のこの時期であれば、この活動に興味を示し展開されていくだろう」「4歳児であれば、このような育ちが見られるだろう」と推測していたとしても、短期的な視野で子どもの姿を見直すと、遊びが展開せず、子どもの関心が向かないことがあります。その反面、たとえば散歩中の公園で偶然出会ったモノやコトをきっかけに、遊びが急激に広がることもあります。したがって、子どもの現状に対応していくことが、短期指導計画を作成するうえで大切な作業となります。

　特に生活のなかからわき起こる遊びの展開や課題をいち早くとらえ、次の短期指導計画に反映していくことは、子どものための発達に即した活動となっていきます。このように、子どもの姿を敏感にとらえ、それを柔軟に指導計画へ盛り込むことが、考えながら実践する保育者にとっての醍醐味でもあります。

② 遊びの連続性と指導計画

　月の指導計画（月案）の作成において、実際の子どもの遊びに対する方向性や関心度、展開速度は、保育者の予想と異なることが多々あります。3・4歳児の遊びという側面から見ると、週末ごとに規則正しく遊びが終わることはなく、常に展開していたり、予想以上に熱中していたり、あるいは急に停滞してしまうことも見られます。

　しかし、保育内容に余裕がない状態であれば、次に計画した保育を無理に進めようとする意識が働いてしまうことにもなりかねません*1。そのため、保育者は、月や週などの期間ごとに保育内容が分割されることのないよう、子どもが遊びを十分に継続でき、思いを満たすことのできるように、遊びの連続性を考慮した計画を作成します。

③ 行事に関する留意点

　指導計画には、各園の特色ある**行事**が随所にちりばめられています。行事には、園生活の節目として行う儀式的行事や子どもの生活に変化を与える学芸的行事、および健康・安全・体育的行事などが含まれます。行事は、日本の伝統や文化に触れることのできる機会でもあるため、園の教育・保育目標にそって子どもに体験してほしい願いなどを含めます。家庭では、日常的に行事を体験しない現状も

覚えておこう

*1　保育内容は、子どもの姿に応じた活動のほかに、子どもに体験させたい教育的価値のある活動を計画することもあります。このとき、保育内容を盛り込みすぎてしまい、子どもの生活が計画した活動に追われてしまう状態になる恐れがあります。

見られるため、子どものための行事になるよう保育者間で検討を重ね、計画することが求められています。

　たとえば、運動会は、みなさんにとってどのような場面ですか。3歳児は，遊びのなかでかけっこをするとき、友だちと一緒に走って喜んだり、風を切って走る心地よさに満足したりします。ところが、運動会となると、保育者は列からはみ出さないことばかりに注意を払い、本来体験させたいこと以外に配慮が偏ってしまうことがあります。子どもが行事を通して成長し、子どもの成長を家族とともに感じられる行事となるよう、指導計画を作成する際に改めて確認していきます。

　また、行事の当日だけを重要視するのではなく、行事に向かうプロセスや終了後に継続する遊びも貴重な経験であることを心得ておくことが大切です。行事を通してその後の遊びに変化が見られたり、子どもの育ちを感じたりするなど、行事が与える保育内容の深まりを考慮して、月や週の指導計画につなげていきます。

④ 短期指導計画の例

1　週の指導計画（4歳児）

　表10-2は、4歳児の週の指導計画（週案）の一例です。週の指導計画（週案）では、保育者がさまざまな遊びの連続性を予想し、遊びと遊びが関連していく過程を期待して計画が作成されます。

　保育者は、それぞれの行事が子どもの遊びや生活と分断されることがないように配慮していきます。表10-2では、1週間という流れのなかに複数の行事が含まれていますが、内科健診や歯科健診のように一見保育とはつながりにくいように思われる行事も、子ども自身が身体について関心をもつ貴重な機会ととらえることができます。このように、行事をどのように子どもの生活に意識づけしていけるかが、週の指導計画（週案）を作成するうえでの検討事項となります。

2　日の指導計画（4歳児）

　表10-3は、4歳児の日の指導計画（日案）の一例です。ここでは、ねらいと1日の保育内容が関連づけられていることに注目しましょう。

　一つめのねらいでは、「好きな遊びを見つけ、友だちと一緒に思いきり遊ぶ」とありますが、これを体験できる保育の場面はどこにあるでしょうか。さらに、子ども一人ひとりがねらいを達成するために、保育者はどのような援助や配慮を計画しているでしょうか。ここでは、子どもが好きな遊びを見つけられるよう、保育者は「遊びコーナー」を設け、「自分のやりたいことにじっくり取り組める場や時間を確保する」といった保育者の援助が示されています。

　日の指導計画（日案）では、ねらいが計画だけで終わらないためにも、どの場面でどのような援助をするのかを具体的にイメージしていくことが大切です。

表10-2　週の指導計画の例（4歳児・5月第3週）

	5／20（月）	5／21（火）	5／22（水）	5／23（木）	5／24（金）	ねらい・内容
前週の子どもの姿	園庭では虫探しやままごと（砂遊び）、サッカーをして遊ぶ子どもが多い。室内ではチラシを使ってステッキや剣をつくったり、画用紙で「カッパ」をつくっていた。ふれ合い遊びを取り入れた「バスごっこ」を楽しんで歌っていた。金曜日の親子遠足ではアシカショーを見学したり、芝生のうえで弁当を食べたりして、親子で楽しい時間を過ごすことができた。					◎友だちとのふれ合いのなかで、一緒に遊ぶ楽しさを味わう。○みんなと一緒に聞いたり、歌ったり、遊んだりすることを楽しいと感じる。○身近な動植物や身のまわりの自然に興味をもち、触れたり、遊びに取り入れたりする。
日付	5／20（月）	5／21（火）	5／22（水）	5／23（木）	5／24（金）	
行事		誕生会		内科健診	歯科健診	
予想される活動	・朝の集まり ○遠足の絵を描く。	○5月の誕生会 ・誕生児入場 ・誕生児紹介・インタビュー ・歌のプレゼント ・保護者からのメッセージ	・内科健診についての話	○内科健診 ・服を脱いで素肌に制服を着る。 ・脱いだ服をたたむ。 ・プレイルームに移動する。 ・内科の先生にあいさつをする。 ○帰りの集まり ・内科健診について話をする。	○歯科健診 ・プレイルームに移動する。 ・歯医者の先生にあいさつをする。	
保育者の援助・環境構成	・クラスの友だちとみんなで歌ったり踊ったりして、楽しいと思えるような時間を設ける。 ・すぐに活動に入りにくい子どもには、子どもの思いを受け止めながら、その子なりのペースで参加できるよう配慮する。 ・カブトムシやダンゴムシなどについて調べられるような図鑑や絵本を準備したり、観察できるようなコーナーを設けたりして、興味・関心が高められるように環境構成を工夫する。 ・新入園児に対しては、園で遊ぶ楽しさを十分に味わうことができるように、新入園児が興味をもった遊びを保育者と一緒に楽しむ。また、友だちの遊びに興味をもっている様子が伺えたときは、周囲の友だちが佇えたり、新入園児が遊びに加われるように援助を行う。 ・誕生会では、5月生まれの友だちをお祝いしようとする気持ちをもってお祝いできるように援助する。 ・落ち着いて座って話を聞くことができるような言葉がけや援助を行う。					家庭への連絡 ・内科健診について ・歯科健診（よく歯を磨いてもらう）
反省・記録	・クラスみんなでゲームをすることで、いろいろな友だちとかかわる機会につながると感じた。 ・進級した喜びを張り切っている気持ちが続いており、年少児のお手本になろうとする姿が見られた。 ・友だちをお祝いしようとする気持ちがもてているように事前に話をしたことで、誕生会では、子どもも意識して参加していたように感じた。 ・気の合う友だちと砂山をつくったり、図鑑をもって虫を見ながら友だちと話したりする姿が見られた。子どもの興味を大事にしたい。					

出典：学校法人曽根学園 東二番丁幼稚園「生きる力をはぐくむ わたしたちの保育」より一部抜粋（一部改変）（仙台市）

表 10- 3　日の指導計画（4歳児）

ねらい
・好きな遊びを見つけ、友だちと一緒に思いっ切り遊ぶ。
・身近な自然に触れ、気づいたことや感じたことを伝え合う。

＊全体の様子　□個別の記録

時刻	環境構成	予想される子どもの姿	保育者の援助・配慮	記録
9：00	・遊びのコーナーの設置（折り紙・ままごと・積み木・絵本や図鑑）	○登園する。 ・挨拶 ・身支度 ○好きな遊びをする。	・一人ひとりにやさしく声をかけながら笑顔で迎え、安心感をもつことができるようにする。 ・必要に応じて声をかけ、身支度を促す。	□保護者と離れるときに泣いてしまう子どもが数人いた。
9：20	・椅子を丸く並べる。 ［水道／保育者／出入口の配置図］ ・天候によって環境構成を見直し、再構成する。 ・図鑑や飼育ケースなどを置いておく。 ・折り紙、画用紙など	○朝の集まりをする。 ・朝の挨拶 ・歌 ・ゲーム ○排泄する。 ○好きな遊びをする。 ・ままごとや砂山づくり ・サッカーごっこ ・草花集めや虫探し ・お絵かきや制作 ・ブロックや積み木	・遊びのコーナーを設けて、すぐに好きな遊びを見つけて遊び始められるようにする。 ・歌やダンスを楽しみ、保育者も笑顔で元気に話をする。 ・友だちとのふれ合いを楽しめるゲームを考え、友だちと遊ぶ楽しさが味わえるようにする。 ・砂場の用具を使いやすいように出しておく。 ・保育者も一緒に虫を探したり図鑑を見たりして、子どもの興味に寄り添っていく。 ・自分のやりたいことにじっくり取り組める場や時間を確保するとともに、遊具や道具が使いやすく片づけやすいように場を整えておく。	■自分の居場所を見つけられず、保育者のそばを離れられない子どもがいた。 ■前日に砂山づくりを楽しんだ子どもたちが砂びの遊びの続きを楽しんでいた。周囲の子どもも集まり、それぞれが分担しながら遊びの場を広げて楽しんでいた。 □Rは砂場で遊ぶが、水路に船を浮かべて遊び、他児とのかかわりは見られなかった。
11：15		○片づけをする。 ○手洗いやうがいや排泄をする。 ○給食準備をする。	・保育者と片づけをしながら片づけ方を覚えるようにする。 ・手洗いやうがいの大切さを伝えて習慣になるようにする。 ・箸の使い方や座り方と食事のマナーを指導していく。	
12：10	配膳台 ［水道／牛乳・おかず・汁・ご飯の配置図］	○給食を食べる。	・落ち着いて食べられない子どもには声をかけ、おかずに興味をもたせ、食べたいと思える言葉かけの工夫をする。 ・食事の前に感謝を込めて挨拶をする気持ちがもてるようにする。	
12：40	・絵本、粘土など	○後片づけをする。	・食後の遊びでは、子どもの過ごし方を考え、静かに遊べるものの準備をする。	
13：15		○食後の遊びを楽しむ。 （絵本、粘土遊び、絵描き） ○降園準備をする。	・身支度や着替えが自分ができるような言葉かけをする。	
13：30		○帰りの集まりをする。 ・一日の振り返り ・挨拶	・楽しかった1日を振り返り、明日も園に来て遊びたいという気持ちや期待をもてるようにする。	
14：00	［水道／保育者／出入口の配置図、※園児は椅子に座る］ ・絵本『だんごむしのおうち』	○降園する。	・子どもの園での様子を伝え、保護者と信頼関係を築く。	□プレイルームでは、年少児とままごとして遊び楽しむ女児の姿が見られた。 ■年中組に進級したことを喜びや嬉しさが感じられ、身のまわりのことを意欲的に行おうとする姿が多く見られた。

出典：学校法人曽根学園 東二番丁幼稚園「生きる力をはぐくむ わたしたちの保育」より一部抜粋（一部改変）（仙台市）

4　3・4 歳児の指導計画作成の留意点

① 日の指導計画（日案）の作成の留意点

　日の指導計画（日案）を作成するとき、保育者は予想される子どもの生活の流れを順に追い、具体的な子どもの姿を想定していきます。たとえば、「3歳児は昨日の活動がどのように展開し、何に気づくだろうか」「4歳児の3人組は砂場で夢中になっていたけれど、3人の関係性はどのように深まり何を学ぶだろうか」など、指導計画を作成する過程は子ども一人ひとりの成長を見直す機会であり、子どもに対する省察が深まる楽しい瞬間でもあります。

　では、保育者は、3・4歳児の「1日」という生活の流れをどのようにとらえていけばよいのでしょうか。たとえば、3歳児は、登園するとすぐに好きな遊びを見つけ出す子どももいれば、周りを気にして見ているだけの子どももいます。このように、同じ3歳でもさまざまな子どもに対して、保育者の時間の流れに合わせて遊びや生活を進めていくと、子どもにふさわしい生活にはならず、子どもの育とうとする力を支えることができません。

　日の指導計画（日案）の作成においては、保育者は、3・4歳という年齢に応じた保育内容、速度や時間などを考慮し、保育を通して**生活リズム**を整えていくことに配慮します。このような配慮すべき点や思いを指導計画に盛り込むことにより、子ども一人ひとりの個人差に目を向けた保育実践につながっていきます。

② 指導計画における「予想される子どもの姿」

　「予想される子どもの姿」は、子どもの一つひとつの活動場面において展開される具体的な内容を、順に追って記述していくものです。保育者にとっても子どもの姿を予想することはむずかしいため、予想する際には、子どもと十分にかかわり、子どもの思いに触れることが大切です。このようなかかわりによって、保育者の一方的な見方を避けることができ、「予想する子ども」と「実際の子どもの姿」に隔たりが少なくなります。

　たとえば、4歳児になると、試したり工夫したりして遊びを楽しむようになります。そこで、「予想される子どもの姿」を考える際には、一人ひとりの子どもに焦点を当て、「こうした遊びに発展するかもしれない」「こんな失敗が起こりそうだな」という行動を計画に反映させます。保育内容によっては、子どもの興味や関心が深まり、保育者の予想以上に発展したり、思いもよらない方向へ動き出したりすることもあります。そのため、保育者はできる限りさまざまな子どもの

姿を想定し、場面ごとにいくつかの方向性を予測してみることが必要です。

　また、予想外の失敗やトラブルなども起こります。たとえば、4歳児と一緒に、紙コップにゴムをつけて飛ばす制作を始めました（図10-2）。ところが、実際には、ゴムをつけるための切り口が深すぎて、子どもたちの紙コップが一向に飛びません。保育のなかで起こるこのような失敗やトラブルは、子どもの育ちにつながる大きなチャンスとなりますので、保育者として何ができるのか検討することにつながります。

　なお、ねらいや内容は「予想される子どもの姿」に反映されていくものですが、作成後に見直してみると、まったくつながりのない計画となっていることがあります。たとえば、ねらいを「友だちとのかかわりを通して、気づいたことや感じたことを伝え合う」としている場合、「予想される子どもの姿」で友だちと思いを伝え合う場面はどこにあたるのかを予想することになります。このように、ねらいや内容が形だけにならないように指導計画のなかへ組み込みながら、具体的な子どもの姿を予想していきます。

③ 指導計画における「環境構成」

　3・4歳の子どもは、生活のなかでさまざまな環境に影響を受けて成長しています。そのため、子どもの遊びも保育者の環境構成によって、展開が変化していきます。

　指導計画を作成する際には、どのような環境を整えることが子どもにとって適切であるかを事前に検討していきます。保育者は、予想される活動の場面ごとに実際の教

写真10-1　散歩で拾った木の実で環境構成

材の配置を検討し、子どもの動線を予想してたどってみると、展開される遊びに対して何が必要とされるかが見えてきます。たとえば、教材や道具の種類・数量はどの程度必要であるのか。その配置にはどのような援助が必要であるのか。子どもが見つけ出せる環境として事前に整えるべきか、あるいは子どもが考えたり工夫したりしてみずから環境を準備できるように配慮するのか。このように、環境構成に対する保育者の配慮は、保育内容によっても、それぞれの子どもの成長段階によっても大きく異なります。したがって、保育者が3・4歳の子どもの姿をどのようにとらえ、遊びの展開をどのように予想するかが、環境構成に影響するのです。

ゴムをねじってひっかけます

ひっくり返して別の紙コップに重ねて上から力を加えます

紙コップが飛びます

図10-2
紙コップを飛ばす遊び

④ 指導計画における「保育者の援助・配慮」

　保育者が行う援助には、環境を構成する**間接的援助**と具体的な行動や言葉かけによる**直接的援助**があります。子どもの活動は一瞬のきっかけによって想像もしない方向へ変容するので、すべてを予想することは困難です。しかし、保育者は一つひとつの場面において子どもの姿を詳細に予想し、配慮したい点や援助方法などを検討していきます。そのため、指導計画における「保育者の援助・配慮」には、保育者の身体的な行動だけではなく、子どもに対する援助方法や配慮すべき点を記述します。さらに、どのように点に気づき育ってほしいのか、思いや意図を表していきます*2。

　指導計画における「保育者の援助・配慮」を検討するうえで注意すべきことは、保育者中心の保育にならないようにすることです。子どもの生活は子どもが主体であるため、保育者は子どもに応じて適切に援助することが大切です。3・4歳児は初めて試してみる素材や用具なども多く、それらを実際に体験しながら学んでいきます。子どもみずから好奇心や探究心をもって活動に取り組むことができるよう、安全面や衛生面に関する行動を予測しておくことも必要になります。

覚えておこう

＊2　保育者はさまざまな保育実践を学びながら予測する力を身につけていきます。実習生であれば、さまざまな保育実践を観察し、環境構成を図式化するなどして記録しながら、保育者の環境に込めた意図や援助方法を学ぶことが必要となります。

POINT

・子どもの姿を丁寧に読み取り、その現状をもとに保育内容を検討し、子どもが主体となる指導計画を作成します。
・「ねらい」には、保育者の思いや願いを明確にしたものを盛り込みます。
・保育内容を検討する際には、活動の結果に焦点を置くのではなく、子どもが体験する過程を大切に考えます。

Q 演習問題

① 4歳児のSくんは、友だちに対する不満をよく口にします。友だちとの遊びで何かトラブルがあったのでしょうか。友だちとのこのような関係をふまえて、保育者はどのように「ねらい」をもち、次の指導計画に組み入れていくことができるでしょうか。
② 砂を触ることをずっと嫌がっていた3歳児のMちゃんは、友だちが初めて泥団子をつくる様子を長い間見ていて、丸々した泥団子ができあがったときには、まるで自分がつくったかのように笑顔を浮かべ喜んでいました。保育者は、Mちゃんの姿をもとに友だちを含めた保育を考えた場合、どのような点に配慮し計画していく必要があるでしょうか。

第11章 5歳児の指導計画と小学校への接続

年長組となる5歳児は、友だちとの関係性も深まり、遊びが活動的になってきます。年少・年中組のあこがれの存在となり、充実するときでもありますが、年長組として期待されることに不安も見え隠れします。本章では、卒園や小学校への就学に向けて子どもが主体的に遊びを深めていけるように、保育者としてどのようなことに留意しながら指導計画を立てていけばよいのか考えます。

考えてみよう！

① 5歳児の協同性はどのように形成されていくのでしょうか。
② 遊びが広がったり深まったりする指導計画とはどのようなものでしょうか。
③ 小学校への接続を意識した指導計画とはどのようなものでしょうか。

🔒 **keywords**　協同性　自立　アプローチカリキュラム　スタートカリキュラム　

1 5歳児の姿と育ち

1 5歳児の姿

　5歳児は、日々の生活の流れだけでなく、1年を通じて見通しをもって行動するようになります。イメージする力も豊かになり、頭に思い浮かんだことを試したり挑戦したいという思いも強く表れ、年中組のときに見ていた年長組にあこがれて遊びをまねてみたりします。そのなかで、初めは思うようにいかないなどの葛藤を体験することもあります。1つ大きくなったとはいえ急に成長するわけではありませんので、がんばろうとする子どもが息切れしてしまわないように、子どものペースで少しずつ遊びを展開していけるように見守る必要があります。

　年長組になったという喜びは、新入園児のお世話を積極的に行うなど、責任感をもって役割を果たそうとする姿にも表れます。子どものそのような意欲を大切に、自信へとつなげていきます。また、5歳児の後半ごろになると、小学校への意識やあこがれが強くなります。期待が大きい反面、不安を抱えることも少なくありません。就学を心待ちにし、安心して入学できるように、小学校とともにカリキュラムを検討しながら接続期を支えていきます。

② 5歳児の育ち

　5歳になると、大人の話していることがほぼわかるようになるなど言葉が著しく成長し、イメージを具体的に共有できるようになります。言葉で思いを伝え合うことが少しずつできるようになりますが、他者の思いに気づきにくいことからケンカになることがあります。子ども同士で解決することはまだむずかしいので、保育者には子ども同士の思いをつなぐ橋渡しのような援助が求められます。

　運動機能の発達では、動きがますます活動的になります。自分の身体をのびのび動かしながら、試したり挑戦したりする活動を好みます。われを忘れて活動に没頭するような経験からは、運動機能だけでなく心身の発達も促されていきます。

　一方、社会性の面では、これまでの集団での経験のなかで、さまざまな葛藤やつまずき、我慢する体験を通して、善悪の判断が明確になり、「どうしたらうまくいくか」「どうしたら仲よく遊べるか」など、他者と折り合いをつけながら自分たちでルールを考えるなど、きまりの大切さに気づくようになります。いろいろなことを試しながら体験していくことが、子どもの自信につながっていきます。

　また、5歳になると、友だちから刺激を受けて新しいことに挑戦したり、よいと思うことをまねたりする姿も見られるようになります。幼稚園教育要領解説にも「教師や友達の力を借りたり励まされたりしながら難しいことでも自分の力でやってみようとして、考えたり、工夫したりしながら、諦めずにやり遂げる体験を通して達成感を味わい、自信をもって行動するようになる」と示されているように[1]、5歳児は、保育者や友だちとの信頼関係に支えられながら、少しずつ「**自立**」に向かっていきます。

③ 遊びのなかに見る協同性

　5歳の育ちとして「自立」とともに注目したいのが、共通の目的の実現に向けて考えたり工夫したり、協力したり、充実感をもってやりとげる**協同性**[*1]の育ちです。子どもは友だちとかかわるなかでさまざまなできごとを通して、うれしい、悔しい、悲しい、楽しいなど多様な感情体験をともに味わいながら、友だちとのかかわりを深めていきます。

🖋️ **事例：「できたー！！」（5歳児）**

　自由遊びの時間、3〜4人の子どもがコマ回しをしていました。クラスの大半の子どもが回せるようになってきましたが、A児はまだうまく回すことができず、気が乗らなかったのか、ここ数日は練習していませんでした。

🌷 **用語解説**

＊1　協同性
　友だちとかかわるなかで、互いの思いや考えなどを共有し、共通の目的の実現に向けて、考えたり、工夫したり、協力したりし、充実感をもってやり遂げるようになる力です。協同性は、試行錯誤したりしながら一緒に活動を展開する楽しさや、共通の目的を実現する喜びを味わうなかで育まれていきます。

　A児の久しぶりのコマ回し。失敗すると「あっ」「反対になった」などとつぶやきながら、飛んでいってしまったコマを拾いに行きます。そばでコマを回していたB児は、かなりの確率できれいに回すことができ、友だちから「すごいね」「名人みたい」といわれ、嬉しそうに笑っています。B児は自分が熱中しながらもA児が気になっていたのか、A児に近寄り、「こうやってこう。まっすぐに手をして、シュッと……」と、A児の後方に回って手をはなす瞬間のポイントを教えます。A児はいわれたとおりにやってみるもののなかなか成功しません。A児が「あー、もうちょっとだったのに」とつぶやくと、B児も「惜しい！でももうちょっとでできそう」と励ましの声を何度もかけていました。
　その後も黙々と練習し、しばらくしてA児が「できた！」という大きな声をあげました。B児はA児のコマを見て、笑顔で拍手をしながら「お見事。すごい」と言って、一緒にコマをじっと見守りました。
　A児は誇らしげに「まだ回ってる」と自分の回したコマをじっと見続けていましたが、止まるとすぐにコマを手にとってひもを巻き始め、2回目に挑戦しました。次も、勢いよくコマは回ります。「連続成功！ぼく、できるようになったよ！かんぺき！」と嬉しそうにB児に報告しました。

　上記の事例では、すでに多くの子どもがコマ回しをできるようになっていたため、A児にはあせりの気持ちや「あまりやりたくないな」という気持ちがあったかもしれません。しかし、この日は隣に気の合う友だちがいて声をかけてもらうことによって、A児は失敗しても何度も繰り返し挑戦し、最後には「できた！！」という喜びを味わうことができました。
　B児も得意なコマ回しをA児にさりげなく教え、できたときには「自分の教えてあげたA児が回せるようになった」という喜びや、「よかったね」というA児の気持ちに共感した思いを味わっていることがわかります。このように、5歳になると、他者の立場で物事を考える姿や他者のよいところを認める姿が見られます。
　協同性が育まれるためには、単にほかの子どもと一緒に活動するだけでなく、それぞれの持ち味が発揮され、互いのよさを認め合う関係ができることが大切です。幼児期に一人ひとりのよさを認め合えるような関係性を学ぶことが、小学校以降の集団生活においても、自分の力を発揮しながら友だちと協力して生活する姿につながっていきます。

④　幼児期の終わりまでに育ってほしい姿

　5歳児は、園生活の最後の1年であり、小学校就学に向かう接続期でもあります。では、園生活のなかで、子どもは遊びを通じてどのようなことを学び、次のステップへと向かっていくのでしょうか。

　幼稚園教育要領や保育所保育指針等には、幼稚園や保育所等に共通する「**幼児期の終わりまでに育ってほしい姿**」（以下、「10の姿」といいます）が示されています*2。

＊2　「幼児期の終わりまでに育ってほしい姿」については、第2章（p.20）も参照。

　これまで、幼児期の育ちは具体的な姿が見えにくいという問題がありました。それは、幼稚園教育要領や保育所保育指針等では、「〜を味わう」「〜を感じる」などのように発達の段階に配慮した目標が構成されているのに対して、小学校学習指導要領では育つべき具体的な姿を目標として示しているという違いがあるためです。2017（平成29）年の改訂で幼稚園教育要領や保育者保育指針等に「10の姿」が示されたのは、子どもの発達や学びの個人差に留意しつつ、幼児期の終わりまでに育ってほしい子どもの姿を具体的にイメージして日々の教育・保育を行っていくことで、幼児期の育ちを見えやすくしようという意図によるものです。

　「10の姿」は、5歳児の後半の育ちが目覚ましい子どもの姿を示したものですが、このような育ちは5歳になって突然表れるものではなく、あくまでも遊びのなかで表れつつある姿としてとらえます。幼児期の教育・保育は、学校教育の一環として幼児期にふさわしい教育・保育を行うものですが、小学校入学の準備のために教育・保育を行うのではなく、子どもが**主体的な遊び**を通じて総合的に学んでいることが小学校以降に連続していくのです。

2　5歳児の指導計画

①　5歳児の長期指導計画

　5歳児は、これまでの園生活で学んできたことをふまえ、さらに自分でできることが増えていきます。前述したように、「10の姿」の「幼児期の終わり」は、5歳後半ごろを指しているので、5歳児の指導計画には、さまざまな活動のなかでこのような姿が自然に表れてきます。保育者は指導計画を立てるうえで、「10の姿」がどのように位置づけられているかを意識しておく必要があります*3。

　また、子どもは環境を通じて総合的に学んでいくため、多様な経験ができるように、保育者はどのような環境を準備するかについても長期指導計画に盛り込まなくてはなりません。ここでは、長期指導計画の一例として、幼稚園の年間指導計画をあげます（表11-1）。

CHECK！
＊3　具体的に示されている10の姿は、①健康な心と体、②自立心、③協同性、④道徳性・規範意識の芽生え、⑤社会生活と関わり、⑥思考力の芽生え、⑦自然との関わり・生命尊重、⑧数量や図形、標識や文字などへの関心・感覚、⑨言葉による伝え合い、⑩豊かな感性と表現です（第2章を参照）。

　表11-1の年間指導計画においては、1年を通して子どもが多様な経験ができるように環境構成を行いつつ、子どもが主体的に遊びを発展させていけるように配慮や援助が記されています。

　たとえば、4月の進級間もないころには、I期の「子どもの姿」にあるように「新入園児の面倒を見る姿」がある一方、年長組になったもののまだ自分に自信がないという子どもや年少児をお世話してみたいがどうしたらよいかわからないといった子どもの姿が見られます。I期の「環境の構成」を見ると、5歳児が自己の力を発揮できるような環境づくりとして、「新入園児と自由にかかわりがもてるような場や機会」をつくることが記されています。このような環境を準備することが、5歳児が年少児をお世話することの後押しになり、お世話をして年少児に頼られる経験が、年長児としての自信や「10の姿」でいう「自立心」の育ちにつながっていきます。

　また、II期には、集団での遊びが活発になるような場を確保したり、ルールのある遊びを取り入れたりしながら、子どもが集団のなかで自己を発揮できるような環境が構成されています。さらに、III期になると、集団の活動が深まり、運動会などの行事のなかで互いの思いを伝え合ったり、協力し合ったり姿も見られるようになります。小学校への就学を目前としたV期には、子どもが自信をもって身のまわりのことを行えるような援助や、文字や数への興味がもてるような環境が構成されています。

　このように、5歳児の1年は、子どもが心身ともに大きく成長し、「10の姿」としてあげられているような姿が表れつつある時期です。保育者がどのような環境を構成し、子どもに多様な体験を保障していけるのかを考慮して指導計画を作成していく必要があります。

　そして、子どもの生活は園と家庭で連続しているため、家庭との連携は欠かせません。特に5歳児の場合は、期待をもって小学校へ就学できるように、指導計画のなかに家庭との連携を位置づけ、小学校への就学に対する保護者の不安を軽減できるように考えることも大切です。

　そのため、長期指導計画の一つである年間指導計画を立てる際には、長期的な見通しをもちながら、子どもが多様な経験ができるよう配慮することや、「子どもに何を育てていきたいのか」という保育者の願いをもつことが最も重要になります。

表 11-1　年間指導計画の例（5歳児）

	Ⅰ期	Ⅱ期
子どもの姿	○年長になった喜びで活気に満ち、のびのび活動する姿が見られる。 ○新入園児の面倒を見る姿や、遊びに誘おうと思いやる姿が見られる。 ○年中のときの仲間関係を核にして、新しい友だち関係もできてくる。 ○年長になった喜びを感じながら、自覚をもって行動する。	○グループ活動が盛んになり試したり工夫したりしながら意欲的に遊ぶ。 ○人間関係が育ってくるが、言葉不足や自己中心的な判断から、いさかいも生じる。 ○動植物の飼育や栽培に興味や関心をもち、自分から進んで世話をしたりする。 ○友だちと目的をもって遊び、試したり、工夫したりする楽しさを味わう。
ねらい	○年長になった喜びを感じながら、自覚をもって行動する。 ○園生活やクラスに慣れ友だちと遊ぶ。	○友だちと目的をもって遊び、試したり、工夫したりする楽しさを味わう。
主な内容	○友だちとのつながりを感じながら遊ぶ。 ○新入園児の手助けをしたり、遊びに誘ったりする。 ○話し合いながら生活の場をつくる。 ○身近な動植物の世話をする。 ○考えを出し合いながら遊ぶ。	○気の合った友だちと思う存分遊ぶ。 ○いろいろな素材を使い、工夫してつくる。 ○お互いの考えを言葉で伝え合って遊ぶ。 ○地域の人たちと楽しく触れ合う。 ○身近な自然に触れて遊ぶ。
行事	・始業式・入園式・保育参観 ・親子遠足・誕生会	・交通安全教室・健康診断・誕生会・避難訓練・保育参観・プール開き・七夕
保育者の配慮点 ☆保護者	○年長になった喜びを受け止め、一人ひとりの成長や自立の姿を認め励まし、新しい生活への期待をもたせていく。 ○思う存分遊んだという満足感や充実感を味わえるような場や時間を保障する。 ○身のまわりの安全について、具体的な場面で取り上げ、身近な生活環境に積極的にかかわっていけるようにする。 ○新入園児に対し、思いやりのある態度や気持ちで接することができるよう援助する。 ☆年長児として活動することで、初めは戸惑い疲れることも考えられるため、子どもの様子について保護者と情報交換をする。	○試したり工夫したりして自分の力を発揮していけるよう個々をきめ細かく観察する。 ○トラブルが生じたときは双方の気持ちを受け止め、言葉を補ったり伝え方を考えさせたりして、自分で気づくように援助する。 ○戸外で体を動かす活動、集中して取り組む活動、継続して行う活動など、さまざまな経験を通して時と場に応じた生活習慣や態度を身につけられるようにする。 ○動植物の世話などを通し、責任をもつことや、継続して行うことの大切さや喜びに気づかせ、当番活動への関心を高めていく。 ☆保護者の気持ちを十分に受け止め、困ったときは相談できる信頼関係を大切にする。
環境の構成	○温かく受け入れる雰囲気 ○新入園児と自由にかかわりがもてるような場や機会 ○遊びに取り組める時間や場の確保 ○自分たちで遊びを進めていける場 ○自発的なかかわりを促す遊具の配置 ○自然や飼育物を観察し、世話ができる場	○遊びのイメージが膨らむ素材 ○ルールのある遊びを取り組める機会 ○遊びに適した場の確保や集団遊びの工夫 ○夏の自然や事象に興味や関心をもち、遊べる環境づくりの工夫 ○遊びに工夫や変化が生まれる材料や用具 ○生長がわかりやすい野菜や草花の栽培

Ⅲ期	Ⅳ期	Ⅴ期
○グループでの遊びが盛んになり、子ども同士の交渉も活発になってくる。 ○知的興味も大きくなり、工夫や考えを取り入れて積極的な遊びを展開する。 ○運動会に向かって目的意識をもって活動に取り組む。 ○さまざまな感動を言葉で伝えようとする。	○友だち関係に広がりが見られ、ルールが難しくなり、遊びに深まりが出てくる。 ○相手の気持ちを受け入れたり、自分たちで問題を解決しようする。 ○言語活動が活発になり、友だちと言葉遊びや表現を楽しむようになる。 ○自然に対する関心がさらに高まる。 ○小学校への期待が次第に高まる。	○自分なりの課題に見通しをもって取り組み、意欲的に行動する。 ○文字や数量を積極的に使う。 ○創意工夫しながら集団生活を楽しむ。 ○年少児や年中児への思いやりの気持ちが高まり、積極的に表そうとする。 ○卒業に向けた活動に取り組みながら、1年生への大きな関心と期待をもつ。
○友だちと力を合わせて意欲的に遊ぶ。 ○自分なりのめあてをもって運動遊びなどいろいろな遊びに取り組む。	○友だちと目的や見通しをもちながら、遊びを発展させていく。 ○身近な社会や自然に関心をもつ。	○共通の目的に向かって意欲的に取り組み、満足感や充実感を味わう。 ○1年生になる自覚と喜びをもつ。
○友たちと考えや力を出し合って遊ぶ。 ○ルールを取り入れて友だちと一緒に遊ぶ楽しさを感じる。 ○秋の自然に親しみ、季節の変化を感じる。 ○友だちと集団遊びや運動遊びを楽しむ。 ○文化施設などに関心をもつ。	○自分の課題をもちながら活動する。 ○相手の考えを認めたり相談したりして遊ぶ。 ○日常生活のなかで数量・図形・位置・時間などに関心をもつ。 ○感じたことや考えたことを自由に表現する。	○話し合いや協力をしながら友だちのよさを認め合い、楽しく遊ぶ。 ○卒業に向けて自分たちで考えながら積極的に活動し、生活を楽しむ。 ○1年生への期待をもち、春の訪れを待ちながら、楽しく生活する。
・カレーパーティー・博物館見学・運動会 ・発育測定・誕生会	・ハロウィン・誕生会・生活発表会 ・クリスマス会・小学生との交流	・もちつき大会・豆まき会・保育参観 ・懇談会・お別れ会・卒園式
○共感的なかかわり方をしながら、徐々に園生活のリズムを取り戻せるようにする。 ○戸外でのびのび体を動かして遊ぶことの楽しさや満足感を感じられるようにする。 ○自分の力を発揮できるような活動を工夫し、勝敗や結果にとらわれず一生懸命取り組んでいる姿を認めたり、励ましたりすることで自信をもち、がんばろうとする気持ちが育っていくようにする。 ○自分たちで相談したり、協力したりしながら生活を楽しめるよう援助し、場の工夫や十分な時間を確保する。 ☆夏休み明けは生活リズムが崩れやすいので、子どもの様子について連絡を取り合う。	○自己を発揮しながら遊びが展開できるよう、遊具の材料を用意しておく。 ○表現や工夫を十分認め、他の子どもにも伝えることで一人ひとりのよさが発揮できるよう援助する。 ○力を合わせて取り組む楽しさを共感することにより、協調・協力の大切さに気づかせていく。 ○自然に親しむ機会を多くもち、遊びを工夫しながら思いやりの心を培う。 ○小学生へのあこがれや小学校を意識する気持ちが高まっていくよう援助する。 ☆冬に向かっての健康管理（衣服の調節・うがいなど）を伝える。	○協力して最後までやり遂げた充実感や満足感を味わうように援助する。 ○楽しい園生活を過ごせるように、友だちとのかかわりを温かく見守る。 ○基本的生活習慣の見直しを日常場面で気づかせると同時に、成長の姿を認め、自信をもたせることにより、小学校への期待と意欲を膨らませる。 ○小学校を意識した遊びや小学校見学を通して安心感をもつようにする。 ☆小学校への入学に向けて生活習慣を見直し、身のまわりのことが自分でしっかりできるよう、家庭へ協力を促す。
○自分たちで準備ができる道具と置き場 ○運動する場所の整備と用具 ○ルールを考えたり守ったりして、集団で遊ぶ楽しさを味わえるような機会 ○遊びに合わせた扱いやすいボール ○年少児や年中児も一緒に遊べる遊び ○季節の変化を感じられる機会	○イメージが広がる雰囲気づくりやグループが遊びを進めていける場の設定 ○劇遊びに発展しそうな小物 ○リズム楽器や打楽器、画用紙や毛糸 ○集団でかかわれる活動や素材の準備 ○みんな遊びを楽しめる場の設定 ○季節感あふれる素材	○1年生への喜びや期待をもてる場や活動、園全体の雰囲気づくりの工夫 ○見通しをもち生活できる時間や活動 ○思い出を振り返って、話し合う機会 ○文字や数量などに関心のもてる教材 ○季節の変化を実感できる場や活動 ○雪遊びを楽しめるような道具や遊び

出典：学校法人曽根学園 東二番丁幼稚園「生きる力をはぐくむ わたしたちの保育」より一部抜粋（一部改変）（仙台市）

② 5歳児の短期指導計画

　短期指導計画は長期指導計画をもとに実際の子どもの姿に応じたより細かな計画を作成しますが、短期指導計画においても、「10の姿」をふまえる必要があります。ここでは、短期指導計画の一例として、週の指導計画（1月第4週）をあげます（表11-2）。

表11-2　週の指導計画の例（5歳児）

1月　第4週　20日（月）～ 24日（金）	○○幼稚園○○組（5歳児）
前週までの子どもの姿	今週の行事予定
コマやけん玉に夢中になって遊ぶ様子が見られ、むずかしい技に挑戦したり、友だちに教えたり教えられたりする姿がある。また、寒い日が続き、園庭の隅の水たまりに氷が張っているのを見つけたりしたことから、興味が広がった。降園前に、容器に水を入れて園庭のあらゆる場所に置いて帰って、次の日を楽しみにしている様子もある。	21日　お正月遊び大会 23日　小学校見学
今週のねらい	内　　容
○雪や氷など冬の自然に親しみ、取り入れて遊ぶ楽しさを味わう。 ○寒さに負けず、戸外で体を十分に動かして遊ぶことを楽しむ。 ○小学校見学に参加し、就学への期待を膨らませる。	○冬の自然の不思議に気づき、どのようにしたら氷ができるのか、試したり工夫したりする。 ○体を動かす楽しさを感じながらドッジボールや鬼ごっこなどルールのある遊びを楽しむ。 ○1年生になるということへの期待をもちながら楽しく遊ぶ。
環境構成	保育者の配慮・援助
○気温差に興味がもてるよう、温度計を子どもの見やすい位置に置いておく。 ○氷をつくって遊べるような容器やトレーなどを準備しておく。 ○コマを回しやすいように板などを準備してコーナーを設ける。 ○文字に興味をもてるように教材を置いたり、自由に書くことのできるコーナーを設ける。	・冬の自然事象に気づいた子どもたちの喜びに共感しながら、子どもの知的好奇心がさらに膨らむように一緒に考えたり工夫したりしながら達成感が味わえるようにする。 ・同じ遊びを楽しむ子ども同士がお互いのよいところを認め合ったり、励まし合ったりできるように援助する。 ・小学校へのイメージを膨らませて、遊びのなかに取り入れられるように働きかけていく。 ・就学への不安を抱える子どもに対しては、不安な気持ちを受け止めて丁寧にやり取りを重ね、安心感や自信をもてるように励ます。

20日（月）	21日（火）	22日（水）	23日（木）	24日（金）
○好きな遊びをする（お正月遊び、戸外遊びなど）。	○お正月遊びをする（コマ・けん玉・かるた）。	○好きな遊びをする（お正月遊び、戸外遊びなど）。 ○小学校について知りたいことをみんなで話し合う。	○小学校見学に参加する。 ○小学校見学の感想について話し合う。	○好きな遊びをする（お正月遊び、戸外遊びなど）。 ○制作遊びをする（「ランドセル」）。 ○小学校ごっこをする。

【今週の歌】	【家庭との連携】
・一年生になったら ・カレンダーマーチ ・ゆきのペンキやさん	・小学校見学の出発時間を伝え、遅れず登園することを依頼する。 ・風邪が流行してきていることを伝え、家庭でも手洗いやうがいの励行を依頼する。

　新年の始まりである 1 月は、5 歳児にとって小学校への就学がより身近に感じられてくるころです。就学が楽しみな子どももいれば、反対に不安を感じている子どもも少なくありません。表 11-2 の週の指導計画（週案）の例には、そのような子どもが「小学校に見学に行くことをきっかけとして、小学校への興味や期待を高められるようにしたい」という保育者のねらいが込められています。また、小学校に見学に行った経験がさらに就学への意欲として深まるよう、見学の翌日に「小学校ごっこ」ができるように配慮されていることがわかります。

　そのほか、この指導計画の例が 1 月であるため、子どもがお正月遊びを継続している様子や冬の自然事象に気づいて探究している姿も表れています。5 歳児は、粘り強く挑戦する力や試行錯誤しながらあきらめない力も身についてきているので、子どもが主体的に取り組んだり、好きな遊びを探究したりしていけるように指導計画を作成し、環境を整えることが大切です。

　なお、週の指導計画（週案）では前週の子どもの姿をもとに作成しますが、日の指導計画（日案）の場合は、前日の子どもの姿を評価し、それをもとにして翌日の指導計画を立てます。もし日の指導計画（日案）が週の指導計画（週案）と異なったとしても、保育者には、子どもの今をとらえ、「何が育っているのか」を「10 の姿」を意識しながら常に考える姿勢が求められています。

　以上のように、5 歳児にとっての 1 年間は幼児期の集大成の期間であり、小学校に向けての接続の重要な時期でもあります。子ども一人ひとりがそれぞれの力を発揮しながら成長していけるように、保育者は多様な経験を保障できる指導計画を作成する必要があります。

3　小学校への接続にむけて

1　滑らかな接続とは

　5 歳児後半ごろになると、子どもの関心が少しずつ小学校の就学へと向いていきます。小学校に就学しても発達や学びは連続しているため、保育者は、子どもが極端な段差を感じることなく、小学校へと滑らかに移行できるようにサポートしていくことが求められます。

　2010（平成 22）年、文部科学省の「幼児期の教育と小学校教育の円滑な接続の在り方について（報告）」において、子どもの発達や学びの連続性を保障するため、幼児期の教育（幼稚園、保育所、認定こども園における教育）と児童期の教育（小学校における教育）が円滑に接続し、体系的な教育が組織的に行われることがきわめて重要であることが示されました。それまでも、小学校への訪問や交流などの連携は行われていましたが、**連続性**をふまえた教育的なつながりへの理解はあ

まりなされていませんでした。

　幼児期の教育から小学校就学へと円滑に接続するために、木下は「単に机上で接続の教育課程をつくるのではなく、実際に交流活動や情報交換などの連携を行い、そこで見えてきた子どもの育ちや学びを反映させた教育課程をつくることが重要である」と述べています[2]。

　そのためには、子どもの姿を日ごろからよく見て、「何が育っているのか」をきちんと評価する保育者のまなざしが大切です。幼児期に行うべきことは、小学校教育の先取りではなく、幼児期にふさわしい教育を丁寧に行うことです。幼児期の教育と小学校教育の間で、互いの教育を理解し、違いをふまえてそれぞれの教育を充実させることが大切なのであり、一方が他方に合わせるものではありません。

② アプローチカリキュラムとスタートカリキュラム

1　接続期のカリキュラムとは

　幼児期の教育では、遊びを中心とした生活を通して体験を重ね、一人ひとりに応じた総合的な指導を行います。一方、小学校では時間割に基づき、各教科の内容を教材を用いて学習します。このように両者の教育方法が異なることは、子どもにとって小学校への就学に対する戸惑いの要因の一つになることがあります。

　そこで考えられたのが、接続期のカリキュラムです。接続期とは、小学校就学前の「アプローチ期」と小学校就学後の「スタート期」を合わせた期間を指し、幼児期と児童期の教育機関の双方に、接続を意識する期間として設けられているものです。接続期は、幼児期の教育から小学校教育への準備や慣れるための期間としてではなく、子どもの発達や学びの連続性をふまえてとらえられなければなりません。小学校就学前のアプローチ期における教育課程のことを**アプローチカリキュラム**、小学校就学後のスタート期における教育課程のことを**スタートカリキュラム**といいます。

　アプローチカリキュラムは、アプローチ期に遊びを通じて得た子どもの学びの芽生えを具体的に明らかにし、一人ひとりがどのように育ちの方向に向かっているかを確かめながら、教育・保育のなかで小学校との接続を十分に意識して立てる小学校就学前の教育課程です。

　スタートカリキュラムは、幼児期の遊びや生活を通した学びと育ちを基礎として、子ども一人ひとりが主体的に自己を発揮し、新しい学校生活をつくり出していくための小学校就学後の教育課程です。具体的には、学びの芽生えから自覚的な学びへと連続させるために、主に生活科を核として楽しいことや好きなことに没頭するなかで生じた驚きや発見を大切にし、学ぶ意欲が高まるよう合科的・関

連的に指導を工夫することとしています。

　幼児期の学びの芽生えと児童期の自覚的な学びをどのようにつなげていくかが接続期カリキュラムの役割ですが、その鍵となるのが「10の姿」です。幼児期と児童期の教育機関の双方がともに「10の姿」を手がかりとしながら、子どもの成長を共有し、幼児期から児童期への発達の流れを理解することができれば、接続が滑らかなものとなります[*4]。

2　接続期カリキュラムの実践例

　では、接続期カリキュラムの実際を見ていきましょう。表11-3は、ある小学校での実践事例です。ここでは、小学校と幼稚園・保育所との交流会を1年に3回実施しています。この交流会では、小学1年生が主体となって5歳児が楽しめるようなイベントなどを企画し、小学生も5歳児も互いに学び合う内容になっています。小学校の教師や保育者が立てたこの交流会の計画から期待される育ちについて見ていきましょう。

♪♫
こぼれ話

*4　実際に幼稚園や保育所、認定こども園と小学校で会議を重ね、アプローチカリキュラムとスタートカリキュラムを作成しているという地域もあります。本来はそれが望ましいとされていますが、現状はまだ試行錯誤の段階です。

表11-3　小学校と幼稚園・保育所の連携の例（1年生と5歳児）

『○○小学校フェスティバル』		○○年1月23日（木）10時～11時30分
1年生のねらい	○1年生として5歳児を温かく迎え入れ、喜んでもらうことで小学生としての自覚をもつとともに、達成感を味わう（生活）。 ○5歳児がどのような遊びを計画したら楽しんでくれるか、試行錯誤しながら準備したり、コーナーを運営したりする。 ○さまざまな材料を使って、遊びを展開する（生活）。 ○遊びのなかで数えたり計算したりする（算数）。 ○ルールをわかりやすく順序だてて伝える（国語）。	○小学生に親しみをもち、一緒に遊ぶ楽しさを味わう。 ○小学校での生活に興味をもつ。 ○小学生とかかわりをもつなかで、小学校に対するあこがれや1年生になる期待を膨らませる。 ○遊びのなかで文字や数に興味をもつ。 ○わからないことがあれば、小学生に尋ねる。
		5歳児のねらい
遊びの内容		予想される幼児の育ちと「10の姿」との関連
①まとあて……数字の書かれたボードに、少し離れたところからお手玉を投げて当てる（2回）。当たった数の合計が点数になる。 ②さかなつり……画用紙に描かれた魚の口にクリップをつけておき、マグネットをつけたつりざおでつる。つった数だけポイントが入る。 ③文字ならべ……50音が1枚ずつ用意されたカードセットを使って、5歳児と一緒に2文字以上の言葉をなるべくたくさんつくる。		○大きい数をねらってお手玉を投げるなど、数字に興味をもつ（数量や図形、標識や文字への関心・感覚）。 ○どのようにしたらつりやすいか、さおの持ち方を考えたり、強く引っ張ると魚が落ちてしまうのでどうしたら落ちないかを考えたりする（思考力の芽生え）。 ○どんな言葉ができそうか、小学生と相談しながら、自分の考えも伝える（言葉による伝え合い）。力を合わせてたくさんの言葉をつくろうとする（協同性）。

　表11-3の計画は、1年間で2回目の実践です。小学1年生も生活に慣れ、5歳児をリードするような姿が見られるようになる時期です。遊びのなかで文字や数などの要素があり、5歳児にとっては小学校の学びを体験しているような内容です。表11-3においては、「1年生のねらい」には、教科との関連があると思われる事項に具体的な「教科」が記されており、「予想される幼児の育ち」には、「10の姿」と関連があると思われる具体的な事項が記されています。

　「『10の姿』との関連」では、一概にこのような姿が育つというものではありません。しかし、保育者や小学校の教師が子どもの育ちに見通しをもっておくことで、育ちを評価する際の観点が見つかります。

　このような幼稚園や保育所等と小学校との連携は、地域の実態などに合わせつつ子どもを中心において検討し、5歳児が安心して小学校に就学していけるように積極的に取り組んでいく必要があります。

☝POINT

・5歳児は、これまで経験したことをさらに自分のものにして、みずから考えたり工夫したりしながら友だちと支え合い、自立に向かっていきます。
・「幼児期の終わりまでに育ってほしい姿」は5歳後半の姿を想定していますが、到達目標ではなく、あくまでも遊びのなかで表れつつある姿として指導計画に反映させます。
・小学校への滑らかな接続を実現するためには、子どもの実態をふまえた接続期のカリキュラムが必要です。

Q 演習問題

① ルールのある遊びを通して、子どもにどのような育ちが期待されるでしょうか。
② 小学校就学への期待を膨らませられるような活動にはどのようなものがあるでしょうか。

第12章 異年齢児保育の指導計画と実践

　幼稚園や保育園等は、多くの場合、年齢ごとの指導計画のもとで同年齢での保育が行われますが、園によっては異なる年齢の子どもを同じクラスで保育する場合もあります。子どもはこのような環境を通して学び得ることも多くありますが、そこには保育者の願いやさまざまな工夫・配慮が存在します。本章では、年齢ごとの子どもの実態の違いを押さえ、異年齢児保育の目的や展開、指導計画を作成するうえでの留意点などを事例を通して学びます。

 ♪

① 3歳児と5歳児では、「運動会」における経験やそこで味わう思いにどのような違いがあると考えられますか。自身の経験を思い出して考えてみましょう。
② 預かり保育や縦割りの行事では、異年齢の子どもがかかわったり一緒に活動したりしますが、そこには「年上と年下の関係」が生まれます。立場が変わることで生じる子どものかかわりを保育者はどのように援助しているでしょうか。

🔒 keywords　　異年齢児保育　異年齢の交流　指導計画　立場　かかわり 🔑

1　同時期に見られる異年齢児の姿

① 体験画のなかの違い

　図12-1と図12-2の2枚の絵は、いずれもH幼稚園で、子どもが「運動会」の後に活動を振り返って描いたものです。保育者は、描くものや描き方を指示してはおらず、楽しかったことや思い出に残ること、そのときの様子など、描く内容は子どもに任せています。

図12-1　3歳児の絵

図12-2　5歳児の絵

　活動を振り返って描く絵は、それぞれの子どもの体験の内容やその活動に対する心情、興味や関心、表現するための技術、得手不得手、保育者の指導や援助によって、表現や仕上がりが異なります。図12-1と図12-2のように、年齢や発達、生活経験などの違いも大きな要因となり得ます。

② 3歳児と5歳児の取り組みの違い

　3歳児と5歳児の、「運動会」に対する思いや取り組みの違いは、2枚の絵に関する、保育者の次の言葉から読み取ることができます。

3歳児

　子どもたちは、初めて「運動会」を経験しました。当日は、大勢のお客様に驚き、泣き出してしまう子もいました。子どもたちにとっては、前日まで繰り返し練習してきたことを、みんなと家族が見ている普段とは異なる状況のなかで取り組んだという経験だったのです。

　運動会の前日、子どもたちには、「明日は、お家の人が来るよ。お昼も一緒に食べるんだよ。がんばろうね」と言いました。この絵を描いた子どもにとって、いろいろな出来事のなかで、周囲のものや状況も覚えていたけれども、家族とお弁当（右下のメロン）を食べたことも思い出に残ったのでしょう。

5歳児

　5歳児にとっては、もう3回目の取り組みです。子どもたちは、昨年（4歳児のとき）の運動会後に、「5歳児のようにリレーをやりたい」「ダンスをやりたい」といい、クラスで「運動会ごっこ」を行い、リレーやダンスをやりました。子どもたちにとって、5歳児の姿は、まさにあこがれだったのです。今年は、いよいよ自分たちの番です。「運動会」については、いろんなことがわかっており、「いつ練習が始まるの？」「カラーコーンは使うの？」と聞いてきました。リレーの練習では、仲間と作戦を練ったり、昼休みには声をかけ合って練習したりしていました。また、応援団を結成し、万国旗をつくり、お家の人に招待状をつくるなど、まさに、「運動会」のつくり手でもありました。そうした取り組みのなかで意識された要素が、運動会という場面（様子）のなかにしっかり描かれています。

　このように、子どもは、同じ生活場面（行事）のなかにあっても、それぞれが異なる経験をしているのであり、したがって心に残ったことや描く内容もおのずと異なるのです。保育者はこうした違いを理解し、あるいは察して、保育を行う必要があります。

③ 同時期における異年齢保育のねらいと内容

　園で一緒に生活する子どもでも、年齢による経験の違いがあることがわかりま

したが、それは、保育の「ねらい」と「内容」にも見取ることができます。

　表 12-1 は、ある幼稚園の「運動会」を控えた時期の 3 歳児と 5 歳児の指導計画のねらいと内容です。下線を記した、それぞれの特徴をもとに、「運動会」（の時期）にかかわる子どもの姿や心情を比較してみると、おおむね次のことがわかります。

　　　・3 歳児……「楽しいこと」や「家族や親しい人」に対する強い思い
　　　・5 歳児……「やりたい」「仲間と取り組む」「見通しをもって行動する」ことに対する意欲

　これらは、「運動会」の絵からも理解することができます。したがって、幼稚園や保育所等で異なる年齢の子どもを保育する（異年齢児保育）際には、それぞれの発達や経験、保育のねらいや内容の特徴を整理し、たとえば、「3 歳児と 5 歳児が一緒に生活する際の姿」を構想することで、それぞれの保育のねらいが達成され、両者が育ち合うような援助を考えることができます。

表 12-1　指導計画（3 歳児・5 歳児、Ⅲ期）

	3 歳児（Ⅲ期）6 ～ 10 月上旬	5 歳児（Ⅲ期）8 ～ 10 月上旬
ね ら い	○保育者や友だちと一緒に遊ぶことを楽しむ。 ○自分の好きな遊びを見つけ、喜んで遊ぶ。 ○身のまわりのことをできるだけ自分でしようとする。	○友だちと力を合わせながら、意欲的に遊びを進める。 ○自分なりのめあてをもって、運動遊びなどいろいろな遊びに取り組む。
主 な 内 容	○保育者や友だちに親しみをもち、生活する。 ○保育者と一緒に好きな遊びをする。 ○みんなと一緒に楽しく給食を食べる。 ○自然物に関心をもち、触れて遊ぶ。 ○身のまわりの始末や遊びの後片づけを、保育者と一緒にする。	○友だちと考えや力を出し合って遊ぶ。 ○ルールを取り入れて友だちと一緒に遊ぶ楽しさを感じ、自分たちで遊びを進める。 ○秋の自然に親しみ、季節の変化を感じ取る。 ○友だちと集団遊びや運動遊びを楽しむ。

3 歳児と 5 歳児が一緒に生活する際の姿
○5 歳児が友だちと協力する場面に、3 歳児が保育者と一緒にかかわる。 ○5 歳児が柔軟にルールを変え、3 歳児を遊びに誘ったり、好きな遊びをするのを援助したりする。 ○5 歳児が片づける場面に 3 歳児が一緒に加わる（手伝う）。 ○3 歳児が 5 歳児の運動遊びの簡単な動きやまねをして楽しむ。

2　異年齢児保育

　少子化や核家族化が進むなか、家庭や地域における人間関係の希薄化やコミュニケーション力の低下などが懸念され、これらは、今日の保育における重要な課題となっています。また、地域によっては、年齢別にクラスを編成し、同年齢の子どもがかかわり合って保育を行うことがむずかしい場面も生じています。

　しかし、現実の家族や社会は、年齢や立場の異なる個人の集団です。たとえば、子どもは家族において、同時に、親子関係（親にとっての子）と兄弟・姉妹関係（兄にとっての妹。弟にとっての姉など）のなかにあり、また、小学生と幼稚園児（年長児）の兄弟が翌年には小学生同士になるなど、同じ家族においても社会的な立場は変わります。したがって、保育において、これに類似した関係や生活場面をつくることにより、子どもがそれぞれの立場に思いを寄せ合いながら、その年齢や発達にふさわしい生活を送ることは、生きる力の基礎を培う有効な手立てになると考えられます。

① 異年齢児保育の意義——人とのかかわりとかかわる力

　保育は、保育者や家庭、地域の願いをふまえながら、ねらいや内容が計画され、実践されます。そして、異年齢児保育においては、交流やかかわりによる豊かな体験を通して子どもの**人とかかわる力**を育てるという願いが、「人との関わりの中で、子どもは様々な感情や欲求をもつ」ことによって、「更に関わりを深めたり、他の人への関心を広げたりする」（保育所保育指針解説）という、保育のねらいや内容に反映されます。そこで保育者は、子どもが保育者や異年齢児、同年齢児同士はもとより、地域のさまざまな人とも安心してかかわることで、「様々な感情や欲求をもつこと」「関わりを深めること」「他人への関心を広げること」ができるような保育を計画し、環境構成や援助を工夫します。

　表12-2は、T保育園の異年齢児保育で行われる「水遊び」に関する子どもの姿です。この活動についての子どもの年齢ごとの姿の違いと「縦割り保育」のねらいをふまえると、図12-3のように、各年齢にふさわしい言葉かけや子ども同士のかかわりを促す援助を考えることができます。

表12-2　8月の「水遊び」を視点にとらえたねらいと子どもの姿

		保育のねらいと子どもの姿	
縦割り		ねらい 〇身支度や始末が自分でできるようになる。 〇水に触れる心地よさを感じながら友だちとのかかわりを深める。 子どもの姿 〇水遊びの後は、室内で休息するなど健康に留意して過ごす。 〇好きな友だちと遊びを楽しみ、充実した時間を過ごす。 〇保育者の援助や見守りにより、自分で手際よく身支度する。	3歳児	ねらい 〇水遊びの遊び方やルールを知り、安全に遊ぶ。 子どもたちの姿 〇水着への着替えもスムーズになり、夏の生活の仕方が身についてきている。
			4歳児	ねらい 〇楽しく安全に遊ぶための約束事を話し合い、確認する。 〇異年齢児と、仲立ちしながら親近感をもってかかわる。 子どもたちの姿 〇水遊びの時間が十分に取れないときには、シャワーやホースを使った水遊びで、汗を流し、身体を清潔に保った。
			5歳児	ねらい 〇水遊びの身支度や始末を自分で行う。 〇異年齢児と、やさしさや思いやりの気持ちをもってかかわる。 子どもたちの遊び 〇園庭での水遊びに慣れてくると、友だちと一緒に砂や泥を使ってダイナミックに遊んだり、感触を存分に味わったりしていた。

協力：館林市立多々良保育園（一部改変）（館林市）

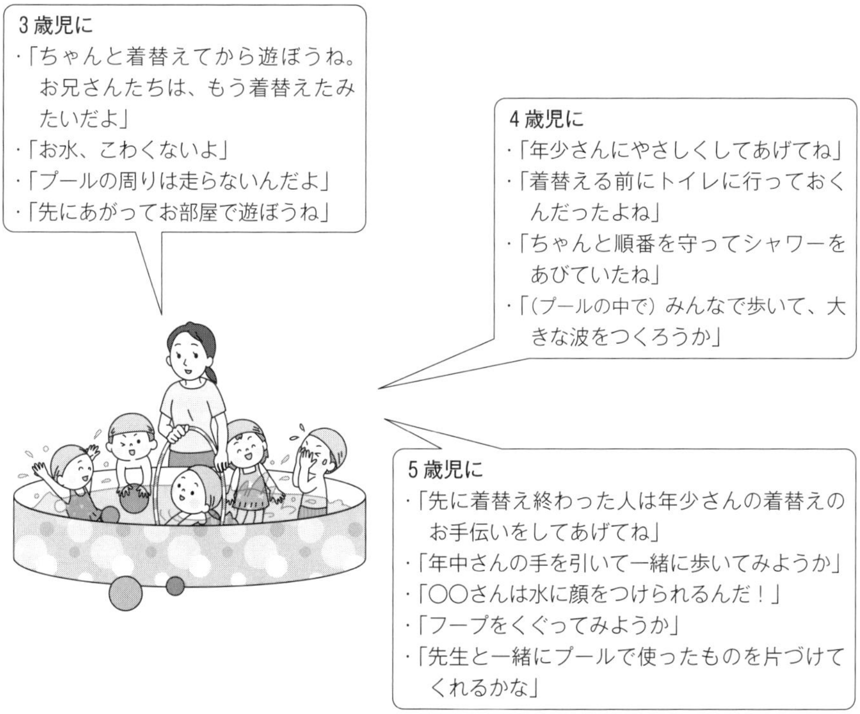

3歳児に
・「ちゃんと着替えてから遊ぼうね。お兄さんたちは、もう着替えたみたいだよ」
・「お水、こわくないよ」
・「プールの周りは走らないんだよ」
・「先にあがってお部屋で遊ぼうね」

4歳児に
・「年少さんにやさしくしてあげてね」
・「着替える前にトイレに行っておくんだったよね」
・「ちゃんと順番を守ってシャワーをあびていたね」
・「（プールの中で）みんなで歩いて、大きな波をつくろうか」

5歳児に
・「先に着替え終わった人は年少さんの着替えのお手伝いをしてあげてね」
・「年中さんの手を引いて一緒に歩いてみようか」
・「〇〇さんは水に顔をつけられるんだ！」
・「フープをくぐってみようか」
・「先生と一緒にプールで使ったものを片づけてくれるかな」

図12-3　ねらいと子どもの姿をふまえた援助や言葉かけ

② 異年齢児保育の計画における留意点

　異年齢児保育の指導計画の作成についても、年齢別保育と基本的な考え方は同じです。各園における地域の実態や家庭の環境をふまえ、保育者の願いや子ども観、発達観を大切にし、子どもが主体的な環境とのかかわりや仲間との多様なかかわりを通して充実した生活を送ることができるように保育を計画します。保育所保育指針解説では、異年齢児同士のかかわりを通して、以下のことを期待しています。

　　① より多様な体験が得られること
　　② 日々の保育での遊びや活動の展開の仕方がより豊かなものとなること
　　③ 子どもが同年齢の子ども同士の場合とは違った姿を見せること
　　④ 自分より年下の子どもにいたわりや思いやりの気持ちを感じたり、年上の子どもに対して活動のモデルとしてあこがれをもったりするなど、互いに育ち合うこと

　しかし、異年齢児保育の場合、子どもの**発達差**が大きいため、一人ひとりの子どもの生活や経験、発達過程などを把握し、保育のねらいや内容を明確にもった適切な援助や環境構成ができるような配慮が大切になります。また、その場合、保育者の意図性が強くなると、子どもが負担感を感じることも考えられるため、むしろ日常的な生活のなかで、子ども同士がみずから関係をつくり、遊びを展開していけるような配慮が重要となります。

③ 1日の生活における活動の様子と留意

　表12-3は、T保育園の異年齢児保育（縦割りクラス）の1日の主な流れです。異年齢児の生活では、主な活動をはじめさまざまな場面で、異年齢ならではの様子が見られます。

　たとえば、登園時間（①）においては、年上の子どもが年下の子どもの持ち物の整理や着替えを手伝ったり、遊んであげたりします。しかし、次第に後から登園してくる同年齢の仲間との遊びに移行するなどします。

　朝の活動（②）では、主に5歳児が当番活動の役割を行いますが、年度途中には、3・4歳児をリードしながら一緒に活動するようになります。こうした姿は、給食準備や片づけなど（③）でも見られます。

　給食やおやつでは、食べ方や量、速さな

写真12-1　給食時の当番活動

どさまざまな面で年齢差や発達差が見られ、保育者は個人に応じた指導や援助を行います。

　また、5歳児は夏ごろから午睡（④）をせずに過ごすことが多くなります。そうした時間には、同年齢同士ならではの活動を行ったりします。

　延長保育（⑤）で保護者の迎えを待つ年下の子どもにとって、一緒に過ごしてくれる年上の子どもは、安心できる大切な存在となります。このように、日常生活のなかに、異年齢児同士のかかわりを通した育ちの機会があるのです。

表 12-3　デイリープログラムの例（3・4・5歳児）

時　刻	活動・生活
7：00	・長時間保育園児の登園（持ち物整理・自主活動）①
8：00	・通常保育園児の登園（持ち物整理・自主活動）
9：30	・朝の活動・主活動②
11：30	・給食準備・給食③
12：30	・午睡準備
13：00	・午睡④（5歳児は同年齢での活動）
14：45	・起床・片づけ
15：00	・おやつ・降園準備
16：00	・通常保育園児の降園
	・通常保育園児の随時降園
	・延長保育園児の随時降園⑤
18：00	・降園

3　指導計画の実際

1　異年齢児保育の年間保育計画

　表 12-4 は、T保育園の異年齢児保育の年間保育計画です。保育所の「内容」には、特に「養護」が記されます。幼稚園では特に記しませんが、当然、子どもの安全、安心、安定を大切にし、心身を健全に育てる内容が含まれています。

　保育計画を作成するにあたっては、異年齢児の集団の実態をとらえ、そのなか

の一人ひとりの育ちや年齢ごとの育ち、異年齢児同士のかかわりを通した育ちと具体的な姿や活動をねらいに沿ってイメージすることが大切です。

表12-4　異年齢児保育の年間保育計画の例

<table>
<tr><td rowspan="4">年間目標</td><td colspan="4">○心も体も健康で元気に遊べる子ども</td></tr>
<tr><td colspan="4">・日々の生活を通して、生活習慣を身につける。</td></tr>
<tr><td colspan="4">・異年齢児とのかかわりのなかで、「あこがれ」「思いやり」「やさしさ」を大切にし、一緒に生活する楽しさを味わう。</td></tr>
<tr><td colspan="4">・身近な自然に触れ、豊かな心を育む。</td></tr>
<tr><td rowspan="2">期</td><td rowspan="2">ねらい</td><td colspan="2">内容</td><td rowspan="2">行事</td></tr>
<tr><td>養護</td><td>教育</td></tr>
<tr>
<td>1期
(4〜5月)</td>
<td>・新しい環境に慣れ、生活の仕方がわかる。
・遊びを通して、かかわりを楽しみ、異年齢児や保育者に親しむ。</td>
<td>・新しい環境のなかで生活の仕方がわかり、安心して異年齢児と過ごせるようにする。</td>
<td>・異年齢児や保育者とのかかわりのなかで、世話をしたりされたりしながらお互いに親しみをもつ。</td>
<td>・入園式
・園外保育</td>
</tr>
<tr>
<td>2期
(6〜8月)</td>
<td>・夏期の環境や衛生に留意し、快適に過ごす。
・夏の遊びを楽しみながら、異年齢児とのつながりを広げる。</td>
<td>・活動と休息のバランスを取りながら、水分補給を十分に行い、健康に過ごせるようにする。</td>
<td>・いろいろな活動のなかで、年下の子に生活の仕方や遊びを伝え、みずからかかわろうとする。
・年上の子からいろいろな刺激を受け、生活に必要なことを行おうとしたり、遊びを試したりする。</td>
<td>・七夕会
・プール
・夏期保育
・お泊り会
（5歳児）</td>
</tr>
<tr>
<td>3期
(9〜12月)</td>
<td>・季節の変化に気づき、健康に過ごす。
・異年齢の友だちと一緒に考え、工夫しながら遊びや活動を進める。</td>
<td>・気温の変化や活動量に応じて環境を整え、快適に生活できるようにする。</td>
<td>・年下の子と積極的にかかわりながら、同じ目標に向かって活動する喜びを味わう。
・年上の子の活動する姿に興味・関心をもち、模倣する。</td>
<td>・運動会
・園外保育
・発表会
・クリスマス会
・もちつき会</td>
</tr>
<tr>
<td>4期
(1〜3月)</td>
<td>・年齢に応じた生活習慣が身につき、落ち着いて過ごす。
・異年齢の友だちといろいろな活動を進めていくなかで認め合い、つながりを深めていく。</td>
<td>・一人ひとりの成長を認め、自信をもって生活できるようにする。</td>
<td>・異年齢児とのかかわりのなかで、相手のよさに気づき、一緒に活動する満足感を味わう。</td>
<td>・節分
・ひな祭り
・お別れ会
・卒園式</td>
</tr>
</table>

協力：館林市立多々良保育園（一部改変）（館林市）

 「年齢ごと」と「縦割り」のねらい

　異年齢児集団であっても、同じ年齢の子どもは仲間と発達にふさわしい遊びを見つけたり、活動したりしています。したがって、異年齢児保育を計画する際には、年齢ごとの特性をふまえたうえで「養護」と「教育」のねらいを明らかにしておくことが必要になります。

　表12-5は、T保育園の5月の指導計画に示された3・4・5歳児、そして「縦割り保育」のねらいです。この園では、3・4・5歳児を異年齢の2クラスに編成し、さらに年齢ごとのグループで活動する機会を保育のなかに位置づけています（図12-4）。

表12-5　5月の指導計画の「養護」と「教育」のねらい

	3歳児 いちごグループ（A）	4歳児 めろんグループ（B）	5歳児 ぶどうグループ（C）	縦割り（異年齢） ぞう組（D1） ぺんぎん組（D2）
養護	・安心できる安全な環境をつくり、清潔で快適に過ごせるようにする。	・一人ひとりの気持ちを受け止め、共感しながら信頼関係を築いていく。	・一人ひとりの気持ちをしっかり受け止め、信頼関係を築き、情緒の安定を図る。	・連休明けの子どもの体調の変化に気をつける。
教育	・生活の流れを知り、簡単な身のまわりのことは自分でしようとする。	・生活の仕方がわかり、自分から進んで身のまわりのことをしようとする。	・1日の流れの見通しをもって自分たちで生活を考え、進めていこうとする。	・自分の好きな遊びを見つけたり、異年齢でかかわったりしながら交流を深めていく。

協力：館林市立多々良保育園（一部改変）（館林市）

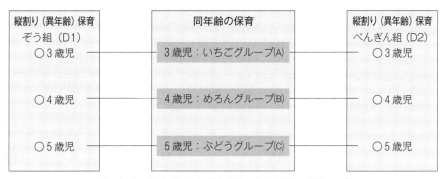

図12-4　同年齢の保育と異年齢の保育のグループ

　このように、異年齢児保育では、「縦割り保育」での子どもの育ちを、全体的に、また年齢ごとに見取って援助し、より豊かなかかわりを育てています。表12-6の「保育だより」には、そうした様子が示されています。

表12-6　3・4・5歳児の縦割り保育だより（10月）

> 縦割りクラス：ぺんぎん組
> 　…いちごさん（3歳児）は、当番活動も堂々とできるようになってきました。給食前に黄色のエプロンを着てコップや給食を丁寧に配ってくれています。
> 　めろんさん（4歳児）は、ぶどうさん（5歳児）と一緒に布団敷きにチャレンジ！　長いござを敷くのに苦戦しながらも、ぶどうさんと協力しながら上手に敷いています。
> 　ぶどうさんは、細かなことに気づいてくれます。本棚から絵本が出ていたり、本棚の絵本がごちゃごちゃになっていたりすると、率先して整理整頓をしてくれます。
> 　日々の生活のなかで友だちと協力し合い、がんばる子どもたち。子どもたちに寄り添いながら楽しく過ごしていきたいと思います。

協力：館林市立多々良保育園（一部改変）（館林市）

4　生活のなかの異年齢児のかかわり

1　さまざまなかかわり

　幼稚園や保育所等では、特に計画的な異年齢保育を行っていない場合でも、子どもは、生活のなかで異年齢の子どもと接し、かかわっています。たとえば、登降園や行事、好きな遊びを楽しむときに出会ったり、園庭や遊戯室など共有される場所でかかわったりと、普段の生活のなかでも自然にかかわっているのです。

　ある幼稚園では、年度当初に5歳児が3歳児の保育室を訪れ、まだ園生活に慣れない3歳児のお世話をする姿が見られます。また、行事の際には、異年齢でペアをつくり、一緒に遊んだりする場面を設けています。こうした場面では、年上の子は活動を理解し、見通しをもちながら、年下の子にやさしく接します。そして、年下の子は、年上の子を信頼し、安心して活動に取り組むようになります。さらに、通園地区や学区、通園方法（徒歩やバスのコース）ごとに異年齢の活動班を編成し、子ども同士がかかわる機会を計画的に設けることで、子どもが、自分の居住する地域や進学する小学校での生活でも、仲間と仲良く過ごしていけるような工夫を行っています。

2　延長保育・預かり保育

　延長保育や長期休業期間の預かり保育なども、異年齢児が一緒に生活する機会です。保育を計画する際には、ここに参加する子どもは、"本来のクラスの仲間よりも園で過ごす時間が長い"ということを考慮する必要があります。そこで、たとえば、おやつを食べたり、午睡をしたりなど、落ち着いた家庭的な雰囲気のなかでゆったりと過ごせるようにすることや、異年齢の子どもと遊んだり、高齢

者を含む地域の人と交流したり、地域の行事に参加したりするなど、本来、家庭
や地域で体験する多様な生活の機会をつくっていくことなどが必要になります。
そして、これらの取り組みや子どもの様子を、常に家庭と共有することが大切に
なります。

5 事例から学ぶ——異年齢児のかかわりと子どもの思い

　異年齢児保育の大切な意義は、人とかかわることやかかわる力を身につけるこ
とです。しかし、感染症の拡大や自然災害などによって、それらが思うようにな
らないこともあります。そうしたなかで、子どもの思いを取り上げ、これまでと
は形を変えながら、新しいかかわりのあり方をつくり上げていく実践もなされて
います。次の事例は、A幼稚園の異年齢児のかかわりの様子です。

事例：新しい「お別れ会」—「ありがとう」を伝えたい

　A幼稚園では、毎年、年中・年少児が対面で行う年長児との「お別れ会」を
計画し、実施していました。しかし、今年は、みんなで遊戯室に集まることが
むずかしいようです。これまで、異年齢児の積極的なかかわりをペアクラス（異
年齢のクラスがペアで活動する）で行ってきた子どもたちにとって、「お別れ会」
は年長児に感謝の思いを伝える大切な機会です。
　年中児たちは、年少児をリードしながら、できることはないか話し合いました。
　　「年長さんのお部屋をきれいに飾ってあげたい」「お花紙でお花をつくる」
　　「折紙で輪飾りやハートをつくる」
　でも、一方で、年少児のことが心配になりました。
　　「ハートを折るのはむずかしいよ」「……どうしようかなあ」
　年中児たちは一生懸命に考えました。
　　「そうだ！　年少さんのクラスに教えに行こう」「お手紙で教えてあげれば
　いいかも」
　年中児たちは、年少児のクラスに輪飾りの見本を持って行き、「つくってね」
とお願いしました。それから、ハートをつくるのを手伝い、輪飾りを長くつな
いであげました。
　　「あと、何ができるかな」「どうしよう」
　みんなでは会えないけれど、ちゃんと
思いを伝えたい。そして——
　　「ビデオで伝えようよ！」「ビデオレ
　ターにしよう」
　異年齢児とのかかわりを通して育まれ
た思いや力は、新しいかかわり方を生み
出したのです。

協力：学校法人青空学園　愛子幼稚園（仙台市）

　保育における異年齢児の関係や立場は、1年ごとに変わります。そのたびに子どもは、出会いと別れを経験するのです。保育者は、そのような子どもの心に寄り添った援助を心がけることが必要となります。そして、不測の事態で本来の計画どおりに保育を行うことがむずかしい場合でも、「ねらい」と「内容」をしっかりふまえ、その時々の実態に合った展開を工夫することが大切となるのです。

POINT

・異年齢児保育を通して、豊かなかかわりと人とかかわる力を育てます。
・一緒に生活する子どもの年齢や発達、経験をふまえた保育を計画し、援助を行うことが大切です。
・異年齢の集団では、子どもはいろいろな立場で生活し、育ち合います。保育者がこの関係を適切に活かすことで集団も育っていきます。

演 習 問 題

① 異年齢の子どもが一緒に行事を行うときに、どのような配慮や援助が必要でしょうか。自分で場面を想定し、具体的に考えましょう。
② 指導計画を作成する際、大切にしたい各年齢の子どもの姿と異年齢のかかわりにおける姿を、いずれかの月（期）を想定して考えましょう。

■資料・写真協力
・館林市立多々良保育園（館林市）：写真12-1
・学校法人春山学園 春山幼稚園（羽生市）：運動会の絵（図12-1・図12-2）

第 IV 編

保育現場で実践するために

本編では、実際に指導計画を作成するうえで、子どもの姿を
どのようにとらえればよいのか、どのように保育をイメージ
して指導計画に活かせばよいのかを「3 ポイント」を通して
学びます。

第 13 章　指導計画作成のための視点

第13章 指導計画作成のための視点

　幼稚園や保育所等は、保育を行うために全体的な計画や教育課程、指導計画などを作成します。しかし、保育現場には、指導計画をふまえながらも、日々の保育をどう考え、どのようなことに配慮して環境構成や援助を行えばいいのかという切実な課題が常に存在します。

　本章では、日々の指導計画をイメージし、構成するためのいくつかの「視点」を提示し、子どもがいきいきと活動できる保育のあり方を考えていきます。

① 「教育」と「保育」の目的や意味を思い出してみましょう。子どもの何を育てるのかを明確にし、保育を考え、指導計画を作成する手がかりとしましょう。
② 保育者として、保育を行うときに留意することをあげましょう。それらを視点に、保育の流れや援助を考えましょう。

 keywords　教育・保育の目的　保育の流れ　保育者と子ども関係　指導計画

1 保育と保育者としての行動を考えるための視点

1 保育者の姿や行動への着目

　保育は、子どもの実態や年齢（時期）にふさわしい姿を考慮して、ねらい（目的）と内容を計画的に構成し、実践されます。しかし、それらがすべて常に指導計画に記されているとは限りません。多くの場合、保育者は、経験や知識、子どもとの関係を活かしながら保育を行っていると思われます。そこで、保育者の日常的な姿や行動（保育）に着目し、いくつかの視点でとらえることで、子どもが主体的に生活できる保育の展開や行き届いた適切な援助、環境構成を工夫する手がかりについて理解していきましょう。

2 子どもの姿をとらえる視点

　保育現場における生活場面から、「好きな遊びを楽しむ」活動を取り上げ、子どもの姿をとらえる視点を設定し、それを手がかりに、保育者の働きかけや言葉かけなどを考えてみます。

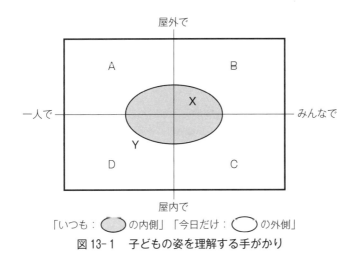

「いつも：⬭の内側」「今日だけ：⬭の外側」
図13-1　子どもの姿を理解する手がかり

　図13-1は、好きな遊びを楽しむ子どもの姿を、「だれと：一人で・みんなで」、「どこで：屋内で・屋外で」を視点にして見取る（予想する）ためのものです。

　図13-1の4つの領域A、B、C、Dには、それぞれ「A：一人で、屋外で遊んでいる」「B：みんなで、屋外で遊んでいる」「C：みんなで、屋内で遊んでいる」「D：一人で、屋内で遊んでいる」子どもがいます。さらに、「いつも」や「今日だけ」という条件をつけることで、たとえば、「X：いつも（今日も）、みんなで屋外で遊んでいる」、「Y：今日は（いつもと違って）、一人で、屋内で遊んでいる（部屋にいる）」という見取りができます。

　もしあなたが保育者なら、一人で屋外の花壇の花に水をあげていた子ども（A）にどのように声をかけますか。一人でジャングルジムで遊んでいる子ども（A）にはどうでしょうか。また、普段はみんなと外遊びをする子どもが部屋に一人でいたら（Y）、どのようにかかわっていくでしょうか。

　このように、子どもの姿をとらえるいくつかの視点をもち、子どもの姿の理由に即したかかわりを考えることで、指導計画における「（予想される）子どもの姿」や「援助・環境構成」「配慮・働きかけ」をイメージすることができるのです。

2　保育をイメージし、指導計画を作成する手がかり

　みなさんは、保育者養成校のさまざまな授業において、教育・保育の目的や子どもをどのように育てるのか、保育者の役割は何かなどについて学習しているでしょう。ですが、実際に保育や指導計画にどう活かせばよいかという視点でそれらを整理されているでしょうか。ここでは、保育をイメージし、指導計画を作成する際に心に留めておくとよいことを整理し、いくつか取り上げ、「3ポイント」として、紹介していきます。

① 「教育・保育のねらい」を手がかりにする

　保育者の役割は、教育・保育を行うことですが、そのためにはねらいと内容を
ふまえて実践する必要があります。

　ねらいと内容は、基本的に、幼稚園教育においては5領域を、保育所保育にお
いては5領域（乳児保育では「3つの視点」）と養護を前提として考えられます。
これらは、幼稚園教育要領や保育所保育指針等に示されており、表13-1のよう
に、各園の教育課程や全体的な計画、指導計画に反映され、記されます。

表13-1　指導計画における「ねらい」と「内容」

【幼稚園の例】

月のねらい	・身のまわりのことを自分で行おうとし、自分でできる喜びを味わう。 ・いろいろな素材に触れながら、自分なりに表現して楽しむ。 ・友だちと同じ場で遊ぶことを楽しみ、自分の思いを言葉や動きで伝えようとする。 ・身近な秋の自然に触れながら、遊びに取り入れたり、いろいろな発見を楽しんだりする。
内容	・上着の着脱の仕方を知り、むずかしいところは保育者に手伝ってもらいながら、自分でしようとする。 ・いろいろな素材や自然物を使い、描いたりつくったりして表現する。 ・自分の気持ちや思いを保育者や友だちに言葉や動きで伝える。 ・集めた自然物をままごとや製作物に取り入れて遊ぶ。

出典：加須市立加須幼稚園　「3年保育　3歳児　11月指導計画」（一部引用）（加須市）
（https://www.pref.saitama.lg.jp/documents/28057/28sannkoutonarusidouan-kazoyoutien3saiji-getuan.pdf）

【保育所の例】

	養　護	教　育
ねらい	・梅雨期の衛生やコロナウィルス感染予防などの健康管理に気をつけ、健康に過ごせるようにする。	・自然やいろいろなものに触れながら、保育者や友だちと一緒に好きな遊びを楽しむ。
環境構成	・砂遊びの遊具を十分に用意して、衛生管理や安全点検を行い、間隔をあけて遊べるようにする。 ・容器、型ぬきなどを取り出しやすい場所において、遊びが広がるようにしておく。 ・空間を確保しながら、落ち着いて好きな遊びが楽しめるコーナーを用意する。 ・子どもが話そうとする思いを受け止め、ゆったりとした気持ちで話しやすい環境をつくる。	
保育者のかかわり	・手洗い、うがい、歯みがきを一緒にし、歯の大切さやきれいになる気持ちよさ、歯の磨き方を知らせていく。 ・身近な虫や生き物を探し、見たり触れたりするなかで、子どもの発見や感動に共感したり、つぶやきに耳を傾けたりする。 ・子どもの好きな絵本を読みきかせ、内容のおもしろさが感じられるように工夫していく。 ・生活や遊びのなかで順番を守ったり、交代したりすることを知らせていく。	

出典：館林市立多々良保育園「縦割り保育　ぞう組6月の指導計画」3歳児　（一部抜粋）（館林市）

　しかし、実際、日々の保育には、指導計画（日の指導計画）には書ききれないほどの子どもと保育者の姿やかかわりがあります。そして保育者は、その時々に起きるさまざまな状況に対応しながら、日々の、また、活動のねらいに近づくために、その時々にふさわしい環境構成や援助を行っています。それは、経験に基づく実践力ともいえますが、保育を行うために「心に留め、意識する」こととしてとらえ直すことで、指導計画を考える手がかりとすることができます。

　そこで、ここでは、「教育」と「保育（養護）」のねらい（目的）と内容を視点として、「心に留め、意識する」ことを明らかにし、指導計画を考える手がかりについて説明していきます。

1　「教育」の3ポイント──「徳育・体育・知育」

　教育を表す "education" には、もともと、引き出すという意味があります。それは、子どものもつ力や思いを引き出して育てるという意味でしょう。また、私たちは、教育の意味を、その文字が表すように、何かを教え、育てると理解していると思います。では、一体、何を教え、育て、引き出しているのでしょうか。保育の内容は「5領域」の「ねらいと内容」に基づき、常にそれらを意識しておくことが大切ですが、ここでは教育を「**徳・体・知**」という側面からとらえ、「**徳育**」・「**体育**」・「**知育**」と考えていくこととします（表13-2）。これらを意識し、保育を考えることで、活動場面に教育的な内容や意味を意識したり、確認したりすることができます。また、言葉かけや働きかけ、活動の設定を考えるうえでの手がかりにもなります。

表13-2　「徳・体・知」を育てる

	内　容	保育場面における「徳・体・知」	
徳育	心、情緒、道徳　など	運動会の練習をしました。終わって、保育室に戻る際に、<u>トイレに行き、手洗い、うがいをするように</u>、声かけをしました。<u>仲よく、協力したこと</u>、<u>ルールを理解して取り組んだことや守って取り組んだこと</u>を認め、ほめました。	下線部は、保育における「徳・体・知」の要素といえるでしょう。保育の流れや援助を考えるときには、これらを意識することが大切です。
体育	健康、衛生、運動、動き、食事　など		
知育	知識、理解、思考、判断　など		

2　「保育（養護）」の3ポイント──「安心・安全・安定」

　保育は英語で "care" と訳されます。また、幼稚園や保育所等で行う保育を乳幼児期における教育と保育とすると、"early childhood education and care" と表すことができます。教育 "education" は、前項で説明しましたが、保育すべてをいい表すには "care" も加わるようです。そこで、"care" を保育と保育所

保育における「養護」にあてて考えていきます。養護については、表13-3のように述べられていますが、ここでは、それらを便宜上（心に留め、意識するために）、"心身と生活の「**安全・安心・安定**」"ととらえることとします。

表13-3　保育所保育指針における「養護」の理念とねらい

養護の理念	
保育における養護とは、子どもの生命の保持及び情緒の安定を図るために保育士等が行う援助や関わりであり、保育所における保育は、養護及び教育を一体的に行うことをその特性とするものである。	
生命の保持 ねらい	① 一人一人の子どもが、快適に生活できるようにする。 ② 一人一人の子どもが、健康で安全に過ごせるようにする。 ③ 一人一人の子どもの生理的欲求が、十分に満たされるようにする。 ④ 一人一人の子どもの健康増進が、積極的に図られるようにする。
情緒の安定 ねらい	① 一人一人の子どもが、安定感をもって過ごせるようにする。 ② 一人一人の子どもが、自分の気持ちを安心して表すことができるようにする。 ③ 一人一人の子どもが、周囲から主体として受け止められ、主体として育ち、自分を肯定する気持ちが育まれていくようにする。 ④ 一人一人の子どもがくつろいで共に過ごし、心身の疲れが癒されるようにする。

　これらから、子どもが、「健康で安全である」「生理的欲求が満たされる」「健康増進が図られる」「安定感をもって過ごせる」「気持ちを安心して表せる」「自分を肯定できる」「くつろぎ、心身の疲れが癒される」ための「安心・安全・安定」を大切にしたかかわりや環境構成を考えるようにします。

・ 安全に配慮して散歩を行う。
・ 子どもの思い、がんばりを受け止める。
・ 健康・衛生に配慮した声かけを行う。

図13-2　養護に配慮したかかわり

用語解説

＊1　設定保育
　保育者が一定の指導のねらいと意図をもって活動を計画・設定して行う保育の方法です。保育者の指示で、子どもたちが同じことを同じ方法で行うイメージがありますが、必ずしも一斉に行うことに重点を置くものではありません[1]。

② 「生活と保育の展開（流れ）」を手がかりにする

　保育を行うことは、子どもと一緒に生活しながら子どもが主体となる活動を子どもとつくりあげていくことといえます。そして、保育は連続した（途切れない）意味のある生活の流れということもできます。

　保育実習生が保育（部分保育や設定保育＊1など）を行うと、「保育（活動）にメリハリをもたせること」「子どもが関心をもつような導入を工夫すること」「保育

者の話や説明ばかりでなく、子どもが自分でやってみたり、取り組んでみたりすることを取り入れること」「動と静がバランスよくあること」などの指摘や助言を受けることがあります。これは、保育には、"ただ何か（活動）を行うのではなく、子どもが興味・関心をもって、主体的に、そしてさまざまなことにバランスよく取り組む活動（生活）の流れ"が大切であるということを意味していると考えることができます。

1　流れの3ポイント──「導入─展開─終末」

活動を構成するときには、子どもが活動に興味・関心をもつようにし（導入）、次に主な活動を行い（展開）、その後に活動を振り返ったり、次への楽しみや課題意識を抱いたりできる（終末）ように流れを心がけます（図13-3）。

■ 導入：「なんだろう。やってみたい」という気持ちを喚起する。
■ 展開：「よーし、やるぞ」「あれ？ どうするのかな」「できた」という、取り組みや工夫、がんばり、協力などを通して、達成感や成就感を味わわせる。
■ 終末：「こんなことがやれてよかった」「今度は○○をやってみたいな」「お家でもやってみよう」と振り返ったり、思いを広げたりする。

図13-3　子どもがいきいきと活動する流れのイメージ

2　1日の流れの「導入─展開─終末」

では、園での1日の生活の「導入─展開─終末」について考えていきます。

朝、子どもが登園してきたときのことを考えてみましょう。元気に挨拶して、持ち物の始末をして、友だちと声をかけ合って遊び出す子。また、一人で粘土遊びやお絵描きを始める子。登園前になにかあったのか、泣いたり機嫌が悪かったりしている子。さまざまな姿が予想されますが、いずれクラスでみんなと一緒に活動することをふまえると、朝の時間は、心が安定し、園での生活に興味・関心をもち、期待を抱く「導入」の段階と考えることができます。そして、1日の主な活動（朝の会や主活動、給食など）を「展開」の段階とすれば、給食後の好きな遊びや帰りの会に参加することは、「終末」の段階と考えられるでしょう（図13-4）。

このように、一つひとつの活動が、子どもの1日の生活の流れにおいてどのような意味や役割をもつのかを考えることで、言葉のかけ方や過ごし方、雰囲気のつくり方などがイメージできるのです。

図13-4　生活の流れを意識した働きかけ・言葉かけの工夫

3　活動の流れの「導入―展開―終末」

　さて、生活のなかの一つひとつの活動にも、メリハリと意味のある流れを考えることが大切です。基本的には、子どもが活動に興味や関心をもち、最後にその活動や自身の心情を振り返り、次の活動に移行する流れを意識してみることです。

　たとえば、表13-7の「三匹のこぶた（パネルシアター）を楽しむ」という活動に取り組む場合、保育者が「パネルシアター」を演じて、子どもがそれを楽しむことが「展開」になります。しかし、唐突に「パネルシアター」を始めたりしませんし、終わったときには、少しだけお話の内容に触れ、その後で次の活動に移行するでしょう。このように、ある一つの活動においても「導入―展開―終末」を意識することで、自然な流れをつくり出すようにします。

　園生活における1日の流れと各活動の「導入―展開―終末」の関係は、図13-5のようにとらえられます。

「導入」「展開」「終末」はそれぞれの段階にもつくる

保育の流れ全体	導入	導入
		展開
		終末
	展開	導入
		展開
		終末
	終末	導入
		展開
		終末

交わっていてもよい

ここで考えておきたいのは、1日の保育の導入と、終末の意味です。それらは、昨日と明日につながる、大切な流れのつなぎ目です。

図13-5　1日の流れと各活動の「導入―展開―終末」

③ 人との「かかわり」を手がかりにする

　保育では、「身近な人とのかかわりを通して」「子どもとかかわりながら」など、「かかわり」を大切に考えます。そこで、ここでは、**「かかわり」**に留意して保育の流れや活動を考えます。

1　「保育者（先生）と」―「自分で」―「みんなと」

　保育では、保育者が子ども一人ひとりとかかわる場面やクラス全体に働きかける場面があったり、子どもが仲間と行動する姿や一人で遊ぶ姿があったりします。いずれも「かかわり」の意味は異なりますが、普段、自然に見られる光景です。

　たとえば、手遊びをするときに、「先生とやってみようか」「ひとりでやってごらん」「お友だちとやってみよう・聞いてみよう」「みんなで一緒に」などと言葉をかけることで、同じ活動でも、その意味や子どもの意識は変わります。もちろん、運動遊びでも製作活動でも、このような場面をつくることができます。そして、このような「かかわり」に対する留意は、メリハリのある豊かな活動を構成することだけでなく、「○君はひとりでできたね」「○さんは、みんなと（協力して）取り組んだね」「○さんは自分でやってみたい気持ちが高まりました」など、子どものさまざまな姿や心情の見取り（理解・評価）にもつながります。たとえば、製作活動ならば、表13-4のように考えることができるでしょう。子どもの姿に対する保育者の「かかわり」にはそれぞれ意味があることに気づくことができると思います。

2　「認める」―「ほめる」―「励ます」

　子どもは、「それまでの体験をもとにして、環境に働きかけ、さまざまな環境との相互作用により」発達していきます。そこで、保育者はその時々の子どもの姿を発達の過程でとらえ、子どもの感じや新たな気づき、充実感や満足感の獲得、意欲的で主体的な環境とのかかわりを大切にした働きかけを行います。そこで、保育者にとっては、子どもの思いや姿を認め・受け止め、意欲やがんばりを称えてあげる。そして、励ましたり、新たな関心や意欲を引き出し、次につながる言葉をかけたりするようなかかわりをイメージし、指導計画に活かすことが大切になります。たとえば、保育者は、給食のとき、子どもに「食べているね」「おいしそうだね」「おいしい？」「いっぱい食べたね」「よかったね」「ちゃんとかんでるね」「お箸、上手にもっているね」「ああ、おいしいね」「明日のデザートが楽しみだね」「ちゃんとお片づけしたら、絵本を読もうね」など、**「認める」「ほめる」「励ます」**ような言葉かけを、子どもとの自然なやりとりや応答として行っています。

　まだ保育に慣れない段階や保育実習では、子どもが「残さず、こぼさず、静かに、時間内に食べる」ための指導のみに向いてしまうものですが、給食は子ども

にとって楽しい生活場面（主体的・意欲的）であり、和やかな雰囲気を味わうこと（安心・安定、欲求の充足、満足感）も大切です。この意味で、「認める―ほめる―励ます」は、有効な言葉かけであり、かかわりと考えられるでしょう。

「認める―ほめる―励ます」は、時間をおいてなされる場合もあります。たとえば、前日に取り組んだ製作活動について朝の会で取り上げ、「昨日、〇〇先生が『がんばってきれいに仕上げたね』ってほめていたよ」「お家の人も、きっと喜んでくれるよ」と話す場合です。また、帰りの会で、保育者が「元気で、安全に過ごせたね。明日も元気で来てね。先生待っているよ」と話す場合も該当します。このような子どもの気持ちや取り組みを認める、よいところを取り上げて伝える（ほめる）、これからの展開や取り組みにつながる意欲や期待感を高める（引き出す）働きかけに留意することは、具体的な保育のイメージや指導案の作成に役立つと考えられます（表13-5）。

表13-4　製作活動におけるさまざまな「かかわり」

1　活動名　紙ひこうきを飛ばそう！
2　目的　　紙ひこうきをつくる。
　　　　　　紙ひこうき飛ばしを、試したり、競い合ったりして楽しむ。
3　過程

段階	主な活動と子どもの姿	保育者の援助と環境構成	かかわり
導入 （作る活動）	1　紙ひこうきをつくる。 (1) 保育者の説明を聞いたり、サンプルを見たりしながら折る。 (2) 友だちと見せ合ったり、教えあったりする。	○完成した紙ひこうきを示し、イメージできるようにする。 ○順を追って進める。 　・折り方を示す。 　・都度、サンプルを提示し、確認させる。 　・必要に応じて、個別に援助する。 ○友だちに教えてあげる（聞いてみる）ように声をかける。	保育者と 保育者と 自分で 保育者と 自分で みんなと
展開 （遊ぶ活動）	3　紙ひこうきを飛ばす。 (1) 自分で飛ばす。 ○練習したり、試したりして楽しむ。 　・仲間や保育者と飛ばす。 ○新しい紙ひこうきをつくる。 (2) 友だちと競う。 ○グループの仲間と競う。 ○グループ間で競う。 　・作戦を話し合う。 　・応援する。	○必要に応じて、援助する。 ○できたことやがんばり、工夫を認め、ほめ、励ます。 ○競い合うことに誘う。 ○新しいひこうきをつくるための準備をしておく（破損など）。 ○ルールを確認する。 ○必要に応じて審判をする。	自分で 保育者と みんなと 保育者と 保育者と みんなと

※筆者作成

表 13-5　「認める」「ほめる」「励ます」かかわりと言葉の例

認める（A）	ほめる（B）	励ます（C）
○そうだね。 ○〜だね。〜しているね。 ○そうなんだ。 ○〜なんだ。	○〜やったね。できたね。 ○じょうずだね。きれいだね。 　げんきだね。がんばったね。 　ちゃんとできたね。 ○ありがとう。	○お家の人（○○）にも教え 　てあげてね。 ○明日も楽しみだね。 ○今度は〜してみようね。 ○〜できるよね。 ○〜お願いするね。

・あ、りんごね（A）

・じょうずにでき
　たね（B）
・おいしそう！（B）

・○君は、ゲーム
　やっているの
　（A）
・ああ、そうやる
　んだ（A）
・すごいね（B）
・もう一回、先生
　にもやって見せ
　て（C）

・そう。この本が
　いいのね（A）
・向こうのお部屋
　で読んであげる
　ね（C）

④　3 ポイントを活かした指導計画の作成

　これまでに示してきた教育と養護のねらいや生活と活動の流れ、そして、かかわりについての 3 ポイントの活かし方を指導計画のなかで確認しましょう（表13-6）。

表 13-6　教育・保育を計画して行ううえで心に留めておきたい 3 ポイント

項目	3 ポイント（標記：□）		
教　　育	徳　　徳	体　　体	知　　知
養　　護	安全　全	安心　心	安定　定
流　　れ	導入	展開	終末
かかわり（人）	先生と　先	自分で　自	みんなと　皆
かかわり（応答）	認める　認	ほめる　ほ	励ます　励

　実際に指導計画を作成する際には、これらのポイントが、保育のどの内容（子どもや保育者の姿）に当てはまるのかを考えるとともに、こうしたポイントを活かした（含まれる）活動や働きかけを考えることが必要になります。それらを、表13-7 の指導計画の「ポイント」を参考に確認しましょう。

表13-7　3　ポイントを活かした指導計画の例

1　活動名　「三匹のこぶた」（パネルシアター）を楽しむ。
2　ねらい　仲間と一緒にパネルシアターを楽しみ、内容について話す。
3　過程

段階	主な活動・子どもの姿	保育者の援助・環境構成	ポイント
導入	1　「動物園」の手遊びをする。 (1) 保育者の周りに移動して座る。 (2) 知っている動物を話す。 　・くま・ぞう・たぬき・ぶた・おおかみ　など (3) 動物園の絵を見ながら、手遊びをする。 	○友だちとぶつからないように声をかける。 ○知っている動物について話を聞く。 　・姿・大きさ・鳴き声　など ○「やおやのおみせ」の別バージョン（品物を動物に変更）を行う。 　・動物園の絵には、ぶたとおおかみを描かず、歌の最後に取り上げて、印象づけるようにする。	徳　心 全 知　皆 認　ほ 知 体 皆 先
展開	2　「三匹のこぶた」（パネルシアター）を楽しむ。 (1) ぶた、おおかみについて話す。 　・ぶた…鳴き声、鼻　など。 　・おおかみ…怖い、強い　など。 (2) パネルシアターを楽しむ。	○「三匹のこぶた」への期待感をもたせる。 ○パネルの位置に留意する。 ○子どもの表情（反応）に応じて、声の大きさ、表情や人形（パーツ）の動きを工夫する。	全　心　徳 自　皆
終末	3　振り返る。 (1) 「三匹のこぶた」について話す。 　・家…わら・木・レンガ 　・登場人物…ぶた・おおかみ 　・感想や気づいたこと　など (2) 「三匹のこぶた」の手遊びを楽しむ。 　・保育者をまねて行う。 　・もう一度、通して行う。 (3) 自分の席に戻り、次の活動を知る。	○子どもの発言を受けて、登場人物のパーツをパネルに貼る。 　・「そうだね」と受け止める。 　・十分に表現できない思いを察し、代弁する（言い方を知らせる）。 　・違った発言をフォローする。 　　例「向こうから見ていたんだね」 ○お話の「手遊び」を知らせる。 　・一緒にやってみるように声かけし、できたことを認め、もう一度やってみるように促す。 　・帰りの会でも歌うことを話し、期待感をもたせる。	先　皆 自　定 心　認 知 ほ 体　知 先　自 皆　ほ 認 励

※筆者作成

3　まとめ——事例から学ぶ

　表 13-8 は、A幼稚園における 5 月から 10 月までの、約半年間の実践から拾い上げられたエピソードです。「さつまいもの栽培」（さつまいもを育て収穫する）という活動ですが、ほかにもさまざまな活動やねらいが含まれていることがわかります。そして、そこには子どもが知り、考え、判断する（**知**）姿、手伝い、協力し、年少児を思いやり、さつまいもを大切に育てる（**徳**）姿、**安全**に配慮し、仲間と元気に遊ぶ（**体**）姿が見られます。

表 13- 8　事例に学ぶ『さつまいもの栽培』

『栽培活動　〜いもほりの日〜』（A幼稚園・5 歳児）	5 歳児の姿・ねらい　等
○毎年 5 月になると、園の畑では、さつまいもの栽培活動が始まります。秋の収穫と「おいもパーティー」を楽しみにしながら、「大きなおいもができますように」とおまじないを唱え、丁寧に苗を植えます。	・身近な動植物の観察や世話をする。
○子どもたちは、収穫までの間、成長の様子を観察し、年長児は、時折、雑草取りのお手伝いをします。	・季節や身近な自然の変化や栽培物の変化に気づく。 ・収穫物を調理し、収穫を喜ぶ。 ・季節の変化を感じ取る。
○いもほりの日が近づくと、バスの運転手さんとお母さんたちとで、さつまいもの〝つるきり〟を行います。このつるは、子どもたちの遊具に変身します。長いつるは、縄跳びの長縄や電車ごっこの電車（ロープ）、綱引きの綱になるのです。つるのにおいに気づいた子どもたちから「さつまいものにおいだ」と歓声があがります。	・仲間と相談したり、協力したりしながら生活を楽しむ。 ・遊びに必要なものを自分たちで準備する。
○いもほり当日です。園から畑へ移動する際には、年長児が年少児の手をつなぎ、安全に気をつけて行くようにします。子どもたちは、掘ったさつまいもを、水を張ったタライやバケツで洗い、きれいに土を落とします。	・異年齢児とのかかわりを通して、相手の気持ちを考えた言葉遣いや態度に気づいたり、考えたりする。
○「ほら、こんなにきれいになった」とやさしくほほえみかける年長児。その顔を見つめ、「すごいなあ」と感心し、あこがれを抱く年少児。	
○洗ったいもを、新聞紙の上に大きさごとに分けて並べ、乾かします。「大きなおいもがたくさんあるね」（写真 13-1）。数えたり、また、目測ですが、大きさや数の多さを比べ、推測したり、判断したりする場面でもあります。	・日常生活のなかで数量・図形・位置・時間などに関心をもつ。

協力：学校法人青空学園 愛子幼稚園（仙台市）

　ここには、保育者の姿やかかわり（援助・環境構成）は書かれていませんが、3ポイントをふまえ、活動の流れと各段階の目的を意識して読むと、その時々に大切にしていることや子どもの育ち、各場面での保育者の働きかけや子どもとの応答を理解することができるでしょう。

写真 13-1　「大きなおいもだね。きれいになったよ」

POINT

・保育の流れを「導入―展開―終末」ととらえることで、活動にメリハリと、それぞれの活動の意味、そしてつながりをもたせるようにすることが大切です。
・漫然と保育活動を考えるのではなく、「教育」と「保育」のねらいと内容をふまえて、計画を作成します。
・保育活動には、子どもが一人で取り組んだり、保育者や仲間と協力したり、教え合ったりして取り組む場面を適切に取り入れることが大切です。

演習問題

① 自分が取り組みたい保育活動を、「導入―展開―終末」の流れを意識して考え、指導計画を作成してみましょう。
② 「認める―ほめる―励ます」場面を想定し、子どもの姿と保育者の言葉かけを具体的に考えてみましょう。

演習問題　解答例

第1章
① 幼稚園や保育所等では、年齢も発達もまったく異なる大勢の子どもを長期間にわたって教育・保育をします。そのため、あらかじめ教育・保育の目標、方法、内容などに関する大まかな見通しとしてのカリキュラムを編成しておかないと、子どもにとって適切な時期に適切な援助を行うことができなくなってしまうと考えられます。
② 幼稚園でおままごとをして遊んでいたとき、男の子はお兄さん座りで、女の子はお姉さん座りで床に座っていました。先生から「遊ぶときもそう座りましょう」といわれたわけではありませんが、いつの間にかそのように座るのが習慣になっていて、友だちも同じ様子でした。このような、先生からじかに教わらなくても、子どもが自然と身につけていたり、実践したりしていることが、潜在的カリキュラムであると考えられます。

第2章
① 公の性質を有する幼稚園や保育所等の教育・保育水準を全国的に確保すること。大綱的に定められた基準を土台として、各園で保育内容や教育課程、全体的な計画の創意工夫や充実を図ること。
② 「育みたい資質・能力」と「幼児期の終わりまでに育ってほしい姿」を示し、これらをねらいおよび内容との関係で位置づけて、幼稚園や保育所等に共通で教育課程や全体的な計画、指導計画の充実を図るため。「幼児期の終わりまでに育ってほしい姿」を小学校教師と共有するなどの連携により、幼児教育と小学校教育との円滑な接続を図るよう努めるため。

第3章
① 猛獣狩りが「5歳児」の領域「言葉」の「文字や数字の獲得により遊びを発展させる」と結びつきます。
② 節分の枡づくり。

第4章
① 「あきらめずにつくり上げる満足感を味わう。」
② 「海の中を想像して描いたり、描いたものについて話したりして楽しむ。」
＊演習問題の部分保育指導案の全文は156〜157ページに掲載しています。

第5章
① 視覚支援や構造化など。
② 外国につながる子どもに対する配慮や支援にも視覚支援や構造化は有効です。みなさんも外国で生活することを想像してみてください。

第6章
① 指導計画は、子どもの姿をしっかりととらえながら保育の展開を考えていきます。計画した保育を実践し、子どもの様子や環境構成、保育者の援助や配慮を考察して、次の保育計画を作成していきます。しっかりと自分の保育を振り返るためには、保育を記録することが不可欠です。計画→実践→記録→考察→計画のサイクルが保育力になります。
② ドキュメンテーションは、「保育を見える化」するために、写真や動画など視覚的にとらえて記録していくことです。ポートフォリオは、一人ひとりの活動に視点をあてた記録であり、エピソード記録は、遊びを通してのある出来事に焦点をあてた記録です。

第7章

① 保育における評価とは、保育者みずからの保育実践と子どもの育ちを振り返り、保育の改善を図っていくことです。そのため、幼稚園や保育所等での評価では、「指導計画に基づく実践」の改善を目指して実施されています。

② カリキュラム・マネジメントを実施することで、国で定められる教育課程・全体的な計画の基準と各園独自のカリキュラムづくりの両方を目指すことができます。保育目標を明確化し、その実現のためのねらい・内容の全体を計画し、教職員同士、あるいは教職員と保護者や地域の人々とが協働して、内外の物的資源等を効果的に活用しながら、保育を実施し、評価し、改善していくことであるととらえることができます。

第8章

① 乳児がおもちゃを取りたいが、届かず保育者を見上げ「あー」「あー」といかにも「おもちゃを取って」と言いたそうにしています。その時「おもちゃが欲しいのね」「いいよ。まっていて」「（おもちゃを渡し）はいどうぞ。これが欲しかったのね」と優しく声を掛けます。このような保育者が子どもの思いを汲み取り、思いを叶えることで信頼関係につながっていきます。

② 絵本の読み聞かせ、手遊び、歌など日常に行われる遊び、集団での経験として風船遊び、ハイハイでの上り下り、お散歩なども安心して楽しむことができます。

第9章

① 1・2歳児は身体や運動機能、言葉や認知、社会性など、すべてにおいて著しい発達を遂げる時期です。歩行や会話、排泄、食事など、「ひとり立ち」することが多々あります。よって、2歳児の指導計画は、1歳児の指導計画で記述している内容・援助から、成長過程に合わせて一歩進んだ内容・援助になります。「一歩進んだ」とは、具体的にどのような内容・援助でしょうか。1歳児と2歳児の指導計画を比較すると見えてきます。

② 月の指導計画は、年間指導計画に基づき、前月の子どもの姿を反映させて作成していきます。また、その月の季節の特徴や行事も考慮し、その月ならではの保育内容や子どもの姿を想定します。11月の指導計画を参考にして、翌12月の指導計画を立ててみましょう。

第10章

① 保育者は、短期指導計画を作成する際に、「友だち（他者）の思いを知る機会」あるいは「友だち（他者）のよいところに気付く機会」をもつ場面を計画に盛り込むことができます。子どもの姿を次の週や日の指導計画に反映することにより、子どもや周りの友だちを含めた直接的な指導計画の作成につながっていきます。

② Mちゃんのように初めての遊びに不安をもつ場合、指導計画のなかにクラス全体あるいは小集団でかかわる機会を計画することも検討できます。不安に感じる遊びを友だちと一緒にする機会をもつことで、楽しさに気づくこともあります。このように、個から全体へ展開する保育を計画することも、保育者の「ねらい」をもった保育内容の道筋を表しています。

第11章

① 友だちとのかかわりのなかで問題を解決する一例として、ドッジボールの場面を考えてみましょう。お互いが納得して楽しく遊ぶためには、自分たちでルールを生み出し、それを守ろうとすることが必要になります。うまくいかないときには試行錯誤したり、勝ったときには喜び合ったり、さまざまな育ちが期待されます。

② 子どもは小学校をイメージすると学習を思い浮かべるかもしれません。文字や数字は日常のなかで楽しく親しめるようにします。たとえば、身近に「はかる」ことのできる道具はたくさんあります。温度計や湿度計、計量カップ、クッキングタイマーなど、いろいろなものに親しみ、楽しみながら数への関心を高めることができます。気温や氷の様子を記録しています。

第12章

① 異年齢保育においては、異年齢児間の行事に対する経験や取り組みに必要な技能、運動、言語、知識等の能力の違い（差）に留意します。たとえば「七夕まつり」の飾りつけでは、年長児が年少児に願いごとを聞いて言葉に表し、短冊に書いてあげます。そして、一緒に笹の葉に結んであげるなどの場面を設けます。保育者は、必要に応じて両者のやりとりを仲立ちし、リードする立場の年長児へのサポートにも配慮します。

② たとえば、表12-2、図12-3の「水遊び 8月」の場面を参考に、次の様子をイメージしてみましょう。異年齢のペアが手をつないでプールのなかを歩いている様子。プールから先にあがった年少児が、保育者と後片づけを行っている年長児の姿を見ている様子。年長児が上げる水しぶきを怖がって泣いてしまった年少児とそれに気づいた年長児の様子。このように、具体的な場面（図12-3）のなかに、その年齢ごとの姿（表12-2）や異年齢のかかわりの姿を確認したり、イメージしたりすると、保育者が大切にしたい子どもの育ちやかかわりに気づくことができます。

第13章

① 「3ポイント」と導入、展開、終末の各ねらいをふまえ、表13-7を参考に作成してみましょう。たとえば、まず、読み聞かせや折り紙（製作活動）などの全体的な流れを考え、改めて段階に分けてみることから始めましょう。

② たとえば、遊戯室での集会後に、保育室で保育者が子どもたちに話す場面を考えてみます。「静かに廊下を戻って来られたね。さすが年長さん。立派だったよ。次の集会も楽しみだな」。これは、子どもの姿を振り返り、「認める―ほめる―励ます」内容といえます。こうした言葉かけには園や保育者、地域に特有のものもあり、それらは、温かさや特別の雰囲気を醸し、保育者と子どもたちとの関係における大切な要素となります。

第 4 章　演習問題　部分保育指導案の全文

制作：折り紙で魚型潜水艦をつくろう

11 月 20 日　水曜日	青　組　　5 歳児　　24 名（（男児　12 名　・　女児　12 名））

子どもの姿	ねらい
制作活動の好きな子が多いクラスである。女児は折り紙に興味をもっている子が多く、好きな遊びの時間に、本を見ながらさまざまなものを折ろうとしている。男児はあまり興味がなく、折り紙を折る経験は少ない。角と角を合わせることのむずかしい子、言葉で説明しただけでは理解しづらい子が数人いる。 　秋の遠足で水族館に行ったことから、海の生き物の図鑑を見たり、大型積み木で潜水艦をつくって、ごっこ遊びを楽しんだりする姿が見られる。	・あきらめずにつくり上げる満足感を味わう。 ・自分なりにイメージしたことを描き表す楽しさを味わう。
	内容
	・教えたり教えられたりしながら、丁寧に折り紙をつくり上げる。 ・海の中を想像して描いたり、描いたものについて話したりして楽しむ。

時刻	環境構成	予想される子どもの姿	保育者の援助・配慮事項
10：00	・机にビニールシートをかける。 ・大きな紙でつくった折り紙 ・魚のペープサート	○本日の制作のためのグループを知り、着席する。 ○活動についての話を聞く。 ・海の生き物、潜水艦についての話を聞く。 ・海の生き物について知っていることを話す。 ・魚型潜水艦を折って制作することに期待をもつ。	・各グループに折り紙の得意な子も苦手な子もいるように、メンバーを調整する。 ・折り紙の魚型潜水艦を動かしながら話を進めるときに、日頃子どもたちがしている遊びのひとこまを織りまぜ、子どもたちが興味をもって意欲的に活動に参加できるようにする。 ・子どもたちの発言を受け止め、よくわからないことは図鑑で確かめる。
10：10	・各机に配るもの ハサミ（空き缶に入れる）・折り紙（赤・青・緑・黄・桃・橙）各色 10 枚 ・折り方を図で示したものを掲示しておく。	○魚型潜水艦を折る。 ・折り紙を選ぶ。 ・折り方の説明を聞きながら折る。 ・わからないところを友だちに教えてもらう。 ・困っている友だちがいたら教えてあげる。 ・つくり上げて喜ぶ。	・折り線や切り込みを線でわかりやすく示しながら説明する。 ・折り目をきちんとつけると折りやすいことを知らせ、角と角を合わせて、壊れない丈夫な魚型潜水艦をつくろうとする意欲を高める。 ・折り紙の苦手な子は一度の説明で理解することはむずかしいと思われるので、同じグループの子ども同士で教え合ってみるように誘いかける。 ・困っているグループのそばに行き、再度説明する。 ・折り紙の得意な子が友だちの分まで折ってしまうのではなく、教えてあげて、みんなが自分の手でつくり上げられるように教えてほしいことを伝える。 ・自分でつくり上げたうれしさに共感する。

時刻	環境構成	予想される子どもの姿	保育者の援助・配慮事項
10：10	・各机に配るもの 　画用紙（八つ切り　水色、薄緑色）・手ふきタオル・のり下紙 ・いつでも見られるように図鑑や写真を複数用意する。 ・自由に取りに来られるよう、前の机に、折り紙・小さい折り紙を、かごに入れておく。	○折り紙を貼って制作する。 ・のり、サインペンを用意する。 ・海のなかの様子を自分なりに考えながら画く。 ・なかなか描き始めない子がいる。 ・海の生き物を描いたり、大きさの違う魚の折り紙をつくったりする。 ・描いたものについて、保育者や友だちに話をする。	・のりをすみずみまでつけて、折り紙がはがれないように貼りつけるように言葉をかける。 ・どんどんイメージを膨らませて描き進めていく子には、画面を見ながらその発想を認めていく。 ・描きたいのに形がうまくとれない子どもには、図鑑を見せたり、保育者が別の紙に形のヒントを描いて見せたりして、あきらめてしまわないように支える。 ・子どものひらめきのきっかけとなるように、描いている途中に、子どもがする作品についての説明に耳を傾けたり、海の生き物についての会話を楽しんだりする。 ・友だち同士会話をしながら、さらにイメージを膨らませていく様子を温かく見守る。 ・子どものアイデアを周りの子どもに伝える。
11：00	・廊下にシートを敷いて作品置き場をつくる。 ・片づけ後や給食後に自由に友だちの作品が見られるようにする。	○片づけをする。 ・作品を廊下に並べる。 ・サインペン、のり、ハサミを片づける。 ・手ふきタオルやビニールシートを、手分けして片づける。	・できあがった子どもと、作品についての話をした後、廊下に設けた置き場所に大切に並べて置くようにする。 ・まだ続きをつくりたい子には、給食後や午後の遊びの時間につくれることを伝える。 ・友だちと力を合わせて片づける姿を認める。
15：30	（保） （子） ・椅子に座る。	○作品を見合う。 ・友だちの作品について感じたことを言う。 ・自分の作品を見てもらってうれしそうにする。	・帰りの会の時間に、全員の作品を紙芝居のようにして、保育者の解説をつけながら見せ、それぞれの発想、工夫や努力を認めていく。 ・友だち同士教え合ったことや、影響を受け合って素敵な作品が生まれたことも紹介し、その姿をうれしく感じていることを伝える。

引用文献・参考文献

【引用文献】

第1章
1）Summers, Della, 1991, *Longman dictionary of contemporary English*（new edition）, Harlow, Longman, p.253
2）新村 出編『広辞苑［第7版］』岩波書店　2018年　p.754
3）同上　p.629

第4章
1）文部科学省『幼稚園教育要領解説』フレーベル館　2018年 p.98
2）文部科学省『幼稚園教育要領』フレーベル館　2018年　p.14
3）厚生労働省『保育所保育指針』フレーベル館　2018年　p.6
4）厚生労働省『保育所保育指針』フレーベル館　2018年　p.13

第5章
1）厚生労働省「知ることからはじめよう　みんなのメンタルヘルス総合サイト」
2）文部科学省「通常の学級に在籍する発達障害の可能性のある特別な教育的支援を必要とする児童生徒に関する調査結果について」2012年

第6章
1）アレッサンドラ・ミラーニ『レッジョ・アプローチ』文藝春秋　2017年

第8章
1）髙内政子ほか『子どもの保健演習ガイド』建帛社　2011年
2）愛媛大学医学部附属病院睡眠医療センター未就学児の睡眠・情報通信機器使用研究班「未就学児の睡眠指針」2018年
3）厚生労働省『保育所保育指針解説』フレーベル館　2018年　pp.89-90

第11章
1）文部科学省『幼稚園教育要領解説』フレーベル館　2018年　p.56
2）木下光二『これからの幼保小接続カリキュラム』チャイルド社　2019年　p.29

第13章
1）森上史朗・柏女霊峰編『保育用語辞典［第5版］』ミネルヴァ書房　2009年　pp.114-115

【参考文献】

第1章
・デイヴィッド・ハミルトン（安川哲夫訳）『学校教育の理論に向けて クラス・カリキュラム・一斉教授の思想と歴史』世織書房　1998年
・佐藤 学『教育方法学』岩波書店　1996年
・日本カリキュラム学会編『現代カリキュラム事典』ぎょうせい　2001年
・森上史朗ほか編『保育用語辞典［第8版］』ミネルヴァ書房　2015年
・谷田貝公昭ほか編『改訂新版保育用語辞典』一藝社　2019年
・文部省『幼稚園教育百年史』ひかりのくに　1979年
・IEA "Appendix A: Overview of Timss Prodecures: Mathematics Achievement Results for third and fourth grade students"（https://isc.bc.edu/timss1995i/TIMSSPDF/amAapx.pdf）

第 2 章
・文部科学省『幼児の思いをつなぐ指導計画の作成と保育の展開（令和 3 年 2 月）』チャイルド本社　2021 年

第 3 章
・秋田喜代美監修、発達保育実践政策学センター編『保育学用語辞典』中央法規出版　2019 年
・小笠原圭・卜田真一郎編著『保育の計画と方法［第 5 版］』同文書院　2018 年
・豊田和子・新井美保子編著『保育カリキュラム論——計画と評価』建帛社　2018 年
・千葉武夫・那須信樹編『教育・保育カリキュラム論』中央法規出版　2019 年
・田中亨胤・三宅茂夫編『教育・保育カリキュラム論』みらい　2019 年
・岩崎淳子・及川留美・粕谷亘正『教育課程・保育の計画と評価』萌文書林　2018 年

第 4 章
・岩﨑淳子・及川瑠美・粕谷亘正『教育課程・保育の計画と評価』萌文書林　2018 年

第 5 章
・文部科学省「通常の学級に在籍する発達障害の可能性のある特別な教育的支援を必要とする児童生徒に関する調査結果について」2012 年
・厚生労働省「乳幼児健康診査」2021 年
・ドロップレット・プロジェクト編「視覚支援で楽々コミュニケーション② 障害者の暮らしに役立つシンボル 1000」エンパワメント研究所　2017 年

第 7 章
・厚生労働省「保育所における自己評価ガイドライン［2020 年改訂版］」2020 年
・文部科学省「幼児理解に基づいた評価」2019 年
・文部科学省「幼稚園における学校評価ガイドライン［平成 23 年改訂版］」2011 年

第 8 章
・髙内正子・豊田和子・梶美保編『健やかな育ちを支える乳児保育Ⅰ・Ⅱ』建帛社　2019 年
・谷田貝仁昭編集代表『新版　保育用語辞典』一藝社　2016 年
・森上史朗・柏女霊峰編『保育用語辞典［第 8 版］』ミネルヴァ書房　2015 年
・内藤知美・新井美保子編者『コンパス 保育内容 言葉［第 2 版］』建帛社　2018 年

第 9 章
・関根久美・山本智子編著『乳児保育の基礎と実践』大学図書出版　2020 年
・善本眞弓編著『演習で学ぶ乳児保育』わかば社　2020 年
・岩崎純子・及川留美・粕谷亘正著『教育課程・保育の計画と評価』萌文書林　2018 年
・松村和子・近藤幹生・椛島香代『教育課程・保育課程を学ぶ』ななみ書房　2012 年

第 11 章
・文部科学省「幼児期の教育と小学校教育の円滑な接続の在り方に関する調査研究協力会議「幼児期の教育と小学校教育の円滑な接続の在り方について（報告）」2010 年
・文部科学省「教育課程企画特別部会「幼児教育、幼小接続に関する現状について」2017 年
・無藤 隆ほか編『育てたい子どもの姿とこれからの保育』ぎょうせい　2018 年

第 12 章
・林 邦雄・谷田貝公昭監修、高橋弥生編『保育・教育課程論』一藝社　2012 年
・森上史朗・柏女霊峰編『保育用語辞典［第 8 版］』ミネルヴァ書房　2015 年

第 13 章
・林邦雄・谷田貝公則監修、高橋弥生編『保育・教育課程論』一藝社　2012 年
・学校法人曽根学園 東二番丁幼稚園「生きる力をはぐくむ　わたしたちの保育」2014 年

索　引

◆編者紹介

安部　孝（あべ　たかし）

名古屋芸術大学人間発達学部教授

［主著］
・「第16章 乳幼児期における家庭での心を育てる取組」『新 道徳教育全集 第5巻』日本道徳教育学会編集
　委員会　田沼茂紀・島恒生・竹内善一・廣川正昭編著　学文社　2021年［共著］（安部日珠沙）。
・「第10章　5歳児の保育内容」『子どもの主体性を育む保育内容総論』津金美智子・新井美保子編著　みら
　い　2018年［共著］
・『自分でつくる BOOK & NOTE──教育・保育実習でよりよい時間を過ごそう！』同文書院　安部孝編著
　2015年［編著］

シリーズ　保育実践につなぐ

カリキュラム論
——教育・保育の計画と評価——

	2021 年 10 月 30 日　初版第 1 刷発行
	2023 年 3 月 1 日　初版第 2 刷発行

編　　　者	安　部　　孝
発 行 者	竹　鼻　均　之
発 行 所	株式会社みらい
	〒 500-8137　岐阜市東興町 40 第 5 澤田ビル
	TEL　058-247-1227㈹　FAX　247-1218
	https://www.mirai-inc.jp/
印刷・製本	株式会社　太洋社

ISBN978-4-86015-566-7
Printed in Japan　　　　　　　　乱丁本・落丁本はお取替え致します。